吉田松陰と萩
写真紀行

清永安雄
撮影

産業編集センター

吉田松陰と萩　写真紀行

堀内地区の土塀

萩往還・悴坂《かせがさか》の道

常盤橋から見る夕景

はじめに

萩は維新胎動の地である。

江戸から明治へと日本が大きく変わろうとする中、幕末という激動のときを疾走した数多くの志士たちが長州藩の萩から生まれた。久坂玄瑞《くさかげんずい》、高杉晋作《たかすぎしんさく》、前原一誠《まえばらいっせい》……彼らは熱く滾《たぎ》る思いと壮絶な覚悟を胸に、新しい時代の扉を自らの手でこじ開けていった。

その幕末の志士たちの精神的な礎となったのが吉田松陰である。

萩の小さな村に生まれた松陰は、若くして藩校の兵学師範を務めるなど早くから頭角を現した。藩の未来を担う重要な人材として重用されるようになり、九州や東北や江戸への遊学を重ねる。その途上での見聞とさまざまな人との出会いに触発され、新しい国づくりのために自らの人生を賭していく。無謀ともとれる苛烈な行動と思想は時に大きな危険をもたらしたが、多くの若者たちの心に火をつけ、それが維新の原動力となっていった。

維新は、吉田松陰から始まったといっても言い過ぎではあるまい。

そんな吉田松陰という人間を育んだ萩とはどのようなところなのか。

そう思って初めて萩を訪れたときのことがいまだに忘れられない。まるで時間旅行をしているかのように、目の前には江戸時代のままの町並みが広がっていた。長く続く白い土塀、土塀の上に広がる青い空、そしてその陽光に鈍く輝く建物群。維新のイメージとはかけ離れた美しい風景に驚嘆しながら、時間が経つのも忘れて歩き回ったのを覚えている。

吉田松陰に誘《いざな》われて訪れた萩の町。そこには、ゆったりとした時間が流れ、他では見ることのできない美しい日本の風景が残っていた。


本書は、萩に残る吉田松陰の軌跡をたどりながら、萩の町とその近郊の美しい風景を切りとった写真紀行である。便宜上、萩を大きく六つの地区に分け、それぞれの地区と松陰とのかかわりを紹介した上で、その地区ごとに見どころをまとめている。

それほど遠くない昔。萩城下を縦横無尽に駆け巡っていた吉田松陰に思いを馳せながら、平成の萩の町をゆっくりと散策していくことにしよう。

佐々木勇志

第二章
松陰の才能が花開いた町「堀内」……045

第六章
志士たちが往来した「萩往還」……131

ぜひ足を伸ばしたい
萩近郊の港町……151

◉吉田松陰とその時代

新しい国づくりの種をまいた「維新の父」

吉田松陰は、どのような歴史的偉業を成し遂げた人物なのだろうか。

松陰は、天保元（一八三〇）年に生まれ、安政六（一八五九）年にその短い生涯を閉じている。彼の生きた時代は、長らく続いた幕藩体制が行き詰まりを見せ、江戸幕府が終焉に向かい始めた時代だった。各地で藩政改革や世直し一揆などが起こり、さらに追い打ちをかけるように、中国のアヘン戦争を契機とした欧米列国のアジア進出が始まった。

そして、嘉永六（一八五三）年、ペリー率いる米国艦隊の浦賀来航、世にいう「黒船来航」によって、日本は大きく揺らぎ始める。これがいわゆる〝幕末〟の始まりであり、このときから王政復古がなされるまでの十五年間、日本は新しい国に変わるための産みの苦しみを味わうことになるのである。

この幕末維新を担ったのが薩長土肥とよばれる雄藩であり、特に長州藩はその中心的存在だった。他藩に先んじて藩論をひとつにまとめ、外国船攻撃や禁門の変など、過激な行動を次々に起こした。幕末の志士と呼ばれた若者たちは、自らの志を歴史的使命に重ねあわせ、驚くほどの情熱と誠実さをもって困難に立ち向かっていった。

その幕末の志士たちの精神的支柱となったのが、吉田松陰だった。

始まりは、松陰が塾頭となった松下村塾という私塾である。松陰は、身分や家柄にこだわりなく、向学の志をもっている若者をすべて受け入れた。そして、何のために勉強をするのか、ということを熱く説いた。ただ単に学ぶことが重要ではなく、志を立ててその実現のために学ぶことが大切だと教え込んだのである。その教えが、若者たちの心に、新しい国づくりへの意欲と情熱を芽生えさせたといえるだろう。松下村塾で松陰が教壇に立ったのはわずか二年にすぎなかったが、ここから、幕末の激動の時代を動かす中心的な人物が次々と輩出されていった。

ときおり、松陰は「維新の父」と呼ばれることがある。時代が生んだのか、時代に選ばれたのか。まさに松陰がいなければ、その後の明治という新しい国家は生まれなかったかもしれない。

維新の父——その言葉が、松陰が成した歴史的偉業を一言で表している。

萩について

日本海に面した風情豊かな城下町

萩は山口県の北部にあり、日本海に面した人口約五万人の町である。

市街地は、中国山地を源流とする阿武《あぶ》川の支流の橋本川と松本川に挟まれたいわゆる三角州の上にある。三方を山に囲まれ、一方が日本海に面しており、その日本海にぽつんと突き出ているのが指月山《しづきやま》である。

関ヶ原の戦いで敗れた毛利輝元《もうりてるもと》が防長《ぼうちょう》二州（長門《ながと》と周防《すおう》）に領土を減らされ、萩に入封したのは慶長九（一六〇四）年のこと。四年の歳月を費やし指月山に城を築き、以降、山口に藩庁が移されるまでの約二百六十年間、長州藩三十六万石の城下町として賑わった。

近代の始まりとともに取り残されたかたちとなった萩だが、そのおかげで今もなお当時のままの町並みが残っており、江戸時代の古地図がそのまま町歩きに使えるとまで言われている。

椿東
東萩
67
椿東小
11
萩東中
松陰神社
萩松陰神社前郵便局
11
萩警察署
262
萩
広島
山口
下関
松山
福岡
67
11

＊本書に掲載している地図は全て北が上になっています。

萩往還・明木地区

平安古地区の土塀

第一章

松陰が生まれ育った地「椿東《ちんとう》」

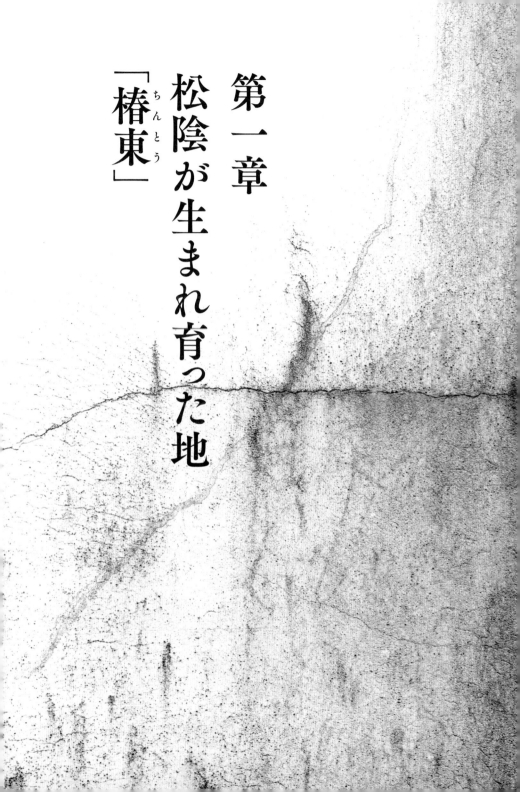

のどかな風景が広がる維新胎動の地

萩のなかで吉田松陰にもっともゆかりのある地が旧松本村である。今は萩市の椿東地区に含まれるこの村のあたりには、吉田松陰の誕生地や松下村塾をはじめ、松陰門下生の旧宅など維新にまつわる史跡が数多く残っている。

旧松本村は萩城下町の東郊にあり、藩政時代は下級武士の住居や農地が広がるのどかな村にすぎなかった。だが、吉田松陰という傑出した人物の登場によって、この村は多くの若者の情熱と夢が充満する維新胎動の中心地となり、日本の歴史にその名を刻むことになった。

旧松本村のあたりを歩くと、のどかな田園風景がいまだに残っており、およそ維新のイメージにはそぐわない、素朴でなつかしい情景に出会うことができる。

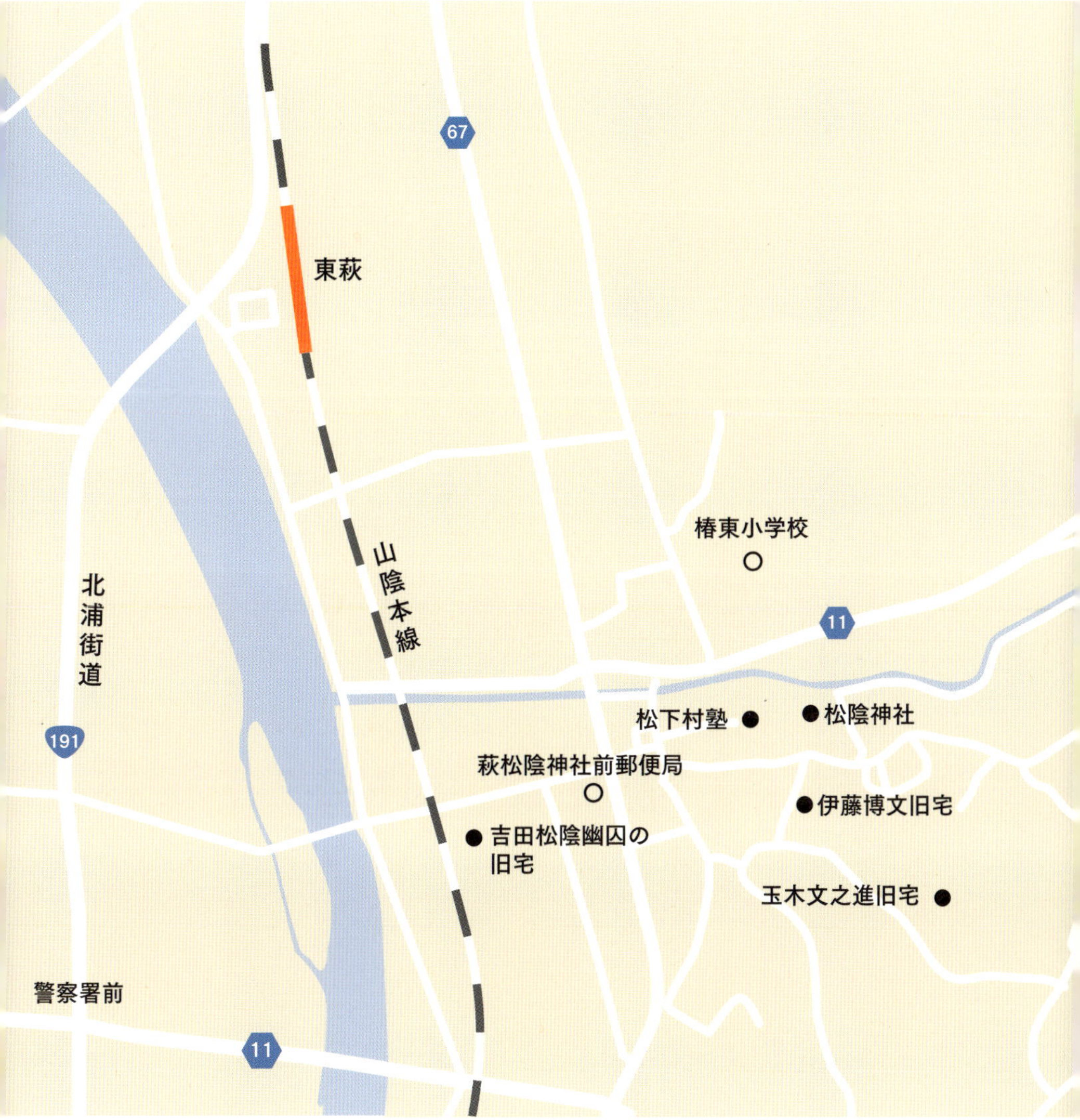
67
東萩
山陰本線
北浦街道
椿東小学校
11
191
松下村塾
松陰神社
萩松陰神社前郵便局
伊藤博文旧宅
吉田松陰幽囚の
旧宅
玉木文之進旧宅
警察署前
11

松本村に生まれた早熟の天才

吉田松陰は天保元（一八三〇）年、松本村に住む藩士杉百合之助《ゆりのすけ》の次男として生まれた。寅年に生まれたことから*虎之助と名付けられ、父の弟で吉田家を継いでいた吉田大助の養子に出される。だが、その叔父が亡くなり、松陰はわずか六歳で吉田家の家督を継いだ。吉田家は代々山鹿流《やまがりゅう》兵学の師範を務める家だったため、松陰も兵学の師範への道を目指すことになる。叔父であり、山鹿流の兵学者であった玉木文之進《たまきぶんのしん》の厳しい指導の成果もあり、松陰はめきめきとその天才ぶりを発揮し出す。

九歳で藩校明倫館《めいりんかん》の兵学教授見習いとなり、翌年には実際に講義をした。さらに十一歳のときには、藩主・毛利敬親《たかちか》に御前講義を行い、藩主をはじめ藩の重臣たちを驚かせた。

十九歳で兵学師範になった松陰は、その後、九州や江戸への遊学のためにしばらく松本村を離れることになる。さらに、二十二歳のときには脱藩して東北への旅に出る。脱藩の罪を償うために松本村に戻されたのは二十三歳のときであった。家禄召し上げに士籍剥奪という厳しい処罰を受けたが、松陰の才を惜しんだ藩主敬親の温情により、十年間の諸国遊学という命のもと、藩の居候的な立場を与えられることになる。

その後、再び遊学に出て、大和、伊勢などをまわり江戸へ赴いた。

そして嘉永六（一八五三）年、松陰の江戸到着を待っていたかのようにアメリカのペリーが浦賀に来航する。黒船の力と幕府弱体化を目の当たりにした松陰は、死罪覚悟で藩主に上書を提出。これからの長州藩に何が必要かを切々と説いた。自らの熱い思いに突き動かされるように、松陰はその翌年に再来航したペリー艦船に乗り込もうとして捕まえられる。世にいう下田密航事件である。

自首をした松陰は江戸伝馬町の獄に入れられたあと、萩に強制的に帰国させられる。今もその碑が残る野山獄《のやまごく》に一年ほど収監され、その後、謹慎生活を送るため松本村の杉家に戻ってきた。松陰二十五歳のときである。

自らの進む道に迷った松陰が自分を見つめ直し、新たな出発をするとき、そこには必ず松本村があった。

維新の発火点となった村

松陰が謹慎していた杉家の一室、俗に「幽囚室《ゆうしゅうしつ》」と呼ばれていたその部屋で、松陰は家族や親戚たちに講義を始めた。その講義は評判を呼び、多くの人々が聴講するようになる。

その後、玉木文之進が始めた松下村塾を引き継いだ松陰のもとには、国中からさまざまな身分の若者が集まってきた。その中には久坂玄瑞や高杉晋作など、のちの維新の中心人物となった若者たちもいた。松陰の教えによって高い志を抱いた若者たちの情熱が満ちていた松本村は、まさに維新の発火点ともいえる場所だった。

だが、新しい日本づくりの熱が沸騰しはじめた安政五（一八五八）年、井伊直弼《いいなおすけ》による安政の大獄が起こる。嫌疑をかけられた松陰は取り調べのために江戸へと送られることになってしまう。

安政六（一八五九）年、松陰二十九歳。二度と松本村へ戻ってくることはなかった。

江戸に送られ投獄された松陰は評定所で何度か尋問を受ける。最初は何ら問題なしとされ、松陰自身もすぐに釈放されるものと思っていた。

だが、松陰はこの機会を自身の考えと思いを伝える良い機会と捉え、日本のあるべき姿、そしてそのために自分がやったことを話してしまうのである。その話のなかで、松陰が井伊直弼大老の片腕だった老中間部詮勝《まなべあきかつ》の暗殺を計画したことに役人は驚き、改めて取り調べが必要と判断されて伝馬町の牢獄に投獄されてしまう。

最初の取り調べから二カ月後の安政六年十月、松陰は嫌疑を晴らすことはできず、伝馬町の刑場で処刑される。数え年で三十歳だった。

松陰の死の翌年、門下生たちの手によって松本村に松陰の墓が建てられた。遺体は江戸にあったままだったので、この墓には松陰の遺髪が埋められたといわれている。松陰の悲しい帰郷は、多くの若者たちの心を震わせた。そして、松陰の遺志を継いだ若者たちが、さらなる高い志を抱き、次々と松本村を出ていくことになる。

日本が大きく変わる怒涛の時代に、松陰は弟子たちの心の中に生き続けていった。

＊吉田松陰の幼名は「虎之助」だが、その後「大次郎《だいじろう》」、「松次郎《まつじろう》」、「寅次郎《とらじろう》」と名を改めた。署名などには「寅二郎」と書くこともあった。一般的に知られている「松陰」は号である。

松陰神社　吉田松陰を祀った松陰神社。松陰の死後約30年たった明治23(1890)年、松下村塾の改修が行われた際、松陰の御霊を祀る土蔵造りの祠が建立された。それが松陰神社の前身にあたる。現在の社殿は昭和30（1955）年に建てられたものである。敷地内には松下村塾、松陰幽囚の旧宅などが当時のままに残っている。

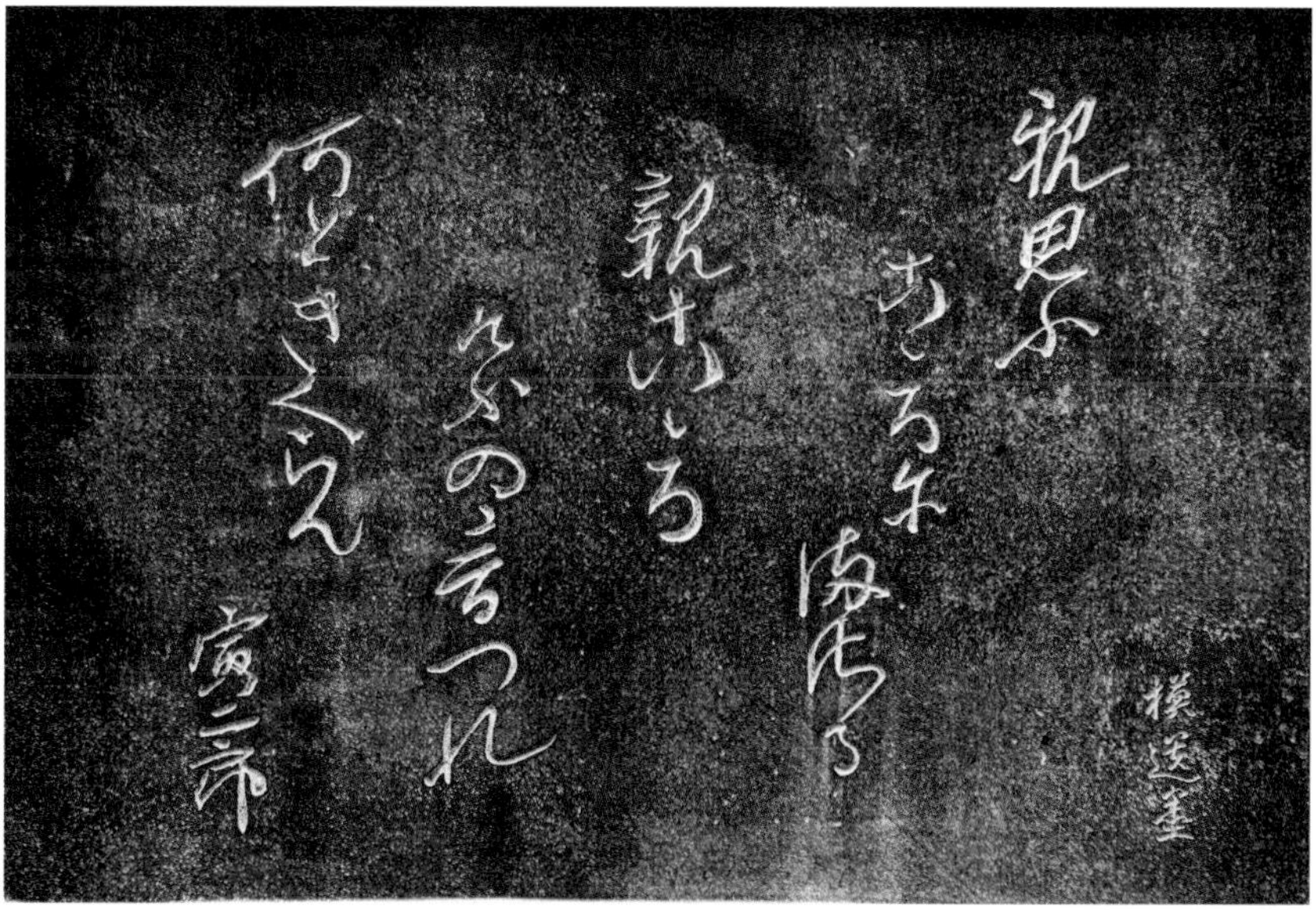

松下村塾のそばにある石碑　処刑を前にした松陰が詠んだ句である。
「親思う　心にまさる　親心　今日のおとづれ何と聞くらん　寅二郎」

松下村塾　松陰神社の敷地内に残る松下村塾。松陰の叔父である玉木文之進が天保 13（1842）年に始めた私塾で、松本（下）村の塾という意味である。松陰がこの塾を引き継いだのは安政 3（1856）年のこと。あまりに多くの若者が入塾したため、翌年、納屋を改修して八畳の講義室がつくられた。多少手は加えられているものの、ほぼその当時のままに残っている。

松下村塾の講義室

吉田松陰幽囚の旧宅　松下村塾のすぐそばに残る「吉田松陰幽囚の旧宅」。下田密航事件の罪で萩の野山獄に投獄された松陰が、その後、謹慎を余儀なくされた生家の杉家宅である。家の東側にある三畳半の部屋で、松陰は２年近く謹慎生活を送った。

吉田松陰誕生地　椿東にある護国山の麓、団子岩と呼ばれるあたりにある松陰の誕生地。松陰が生まれたときの杉家があった場所で、現在は当時の間取りが復元されている。晴れた日には、眼下に萩城下町を望める場所である。

吉田松陰墓所　団子岩の松陰誕生地のすぐそばにある松陰の墓。万延元 (1860) 年の松陰没後百日に際し、松陰の霊を弔い遺髪を埋葬したもの。表には「松陰二十一回猛士墓」と刻まれている。この墓所には杉家や吉田家、久坂家一族や高杉晋作などの墓が立ち並んでいる。ちなみに、松陰の亡骸は小塚原回向院（東京荒川区）に埋葬された。

松陰神社宝物殿 至誠館　吉田松陰の没後150年にあわせ、2009年に松陰神社の境内に開館した。松陰の遺品や遺筆などが展示されている。ここにしかない貴重な品々を見ることができる。
【開館時間】9:00 ～ 17:00 無休
【料金】大人500円
☎ 0838-24-1027

玉木文之進旧宅　松陰の叔父にあたり、松下村塾を創立した玉木文之進の家である。山鹿流の兵学者であり教育者であった文之進は、幼少期の松陰の教育係を務め「叔父ほど怖い存在はいなかった」と松陰をして言わしめた。幕末期には厚狭毛利家の参謀なども務め、第二次長州征伐では萩の守備に尽力するなどした。しかし明治 9(1876) 年、前原一誠の起こした萩の乱に門弟が多く参加したことから責任を感じ自刃した。享年 66 歳。

伊藤博文旧宅　初代内閣総理大臣の伊藤博文が 14 歳から 28 歳まで住んだ旧宅。この間、17 歳のときに松下村塾に入塾し、松陰に学んだ。

コラム　萩焼（はぎやき）

萩焼で侘《わ》び寂《さ》びの風情に触れる

　茶人好みの焼き物として、古くから信楽《しがらき》、唐津と並び称されるのが萩焼だ。萩焼は土の色を生かした作風が主流で、表面の釉薬《ゆうやく》がひび割れたような模様になっているのが特徴。派手ではないが素朴な風合いがあり、その侘びた佇まいを好む根強いファンが多い。使い込むと水分が浸透して器の色彩が変わっていくのも長年愛用される理由になっている。

　萩焼の歴史は豊臣秀吉の朝鮮出兵にまで遡る。別名「やきもの戦争」とも呼ばれるこの文禄慶長の役に出陣した大名たちは、多くの朝鮮の陶工を日本に連れ帰った。安芸の国で朝鮮人陶工「李《り》勺光《しゃくこう》」「李《り》敬《けい》」の兄弟を預かった初代萩藩主毛利輝元は、萩への移封の際に二人も萩に住まわせた。慶長九（一六〇四）年、輝元の命により二人が松本村に窯を開いたのが萩焼の始まりとされる。以来四百年、脈々と伝統が受け継がれてきた萩焼は無形文化財にも指定されている。

　萩を歩くと多くの窯元やギャラリーが目につく。市内だけで百軒以上の窯元があるという。老舗から新しい趣向を取り入れた新規の窯元までさまざま。高価な芸術品から普段使いの器まで幅広い作品が揃っている。登り窯の見学やろくろ体験ができる窯元もあるので、ぜひ実際に萩焼に触れ、自分好みの器との出会いを楽しんでほしい。

協力：吉賀大眉記念館（泉流山）

松陰食堂

松陰神社境内にある食事処、松陰食堂。店内には松陰の肖像画のほか、長州に関する資料がところ狭しと貼り出されている。幕末ファンには嬉しい演出だ。

食事メニューのうどんとそばには維新ゆかりの名前がつけられており、定番のかやくうどんは「松陰」、納豆入りが「晋作」。「維新うどん」は椎茸の煮物などの薬味がついた釜揚げうどんだ。夏期は萩の名物夏みかんのスライスが味をひきたてる。冬にはそれがゆずに変わる。

甘味メニューの一番人気は松陰だんご。自家製のゆず味噌タレがたっぷりぬられた大きめのだんごが、炭火で炙られ香ばしい香りを漂わせている。クセになる味をぜひ味わっていただきたい。

名物の松陰だんごは
350円

松陰食堂
萩市大字椿東1537
0838-22-5851
夏期：9:00～18:00
冬期：9:00～17:00
無休
駐車場あり（松陰神社駐車場）

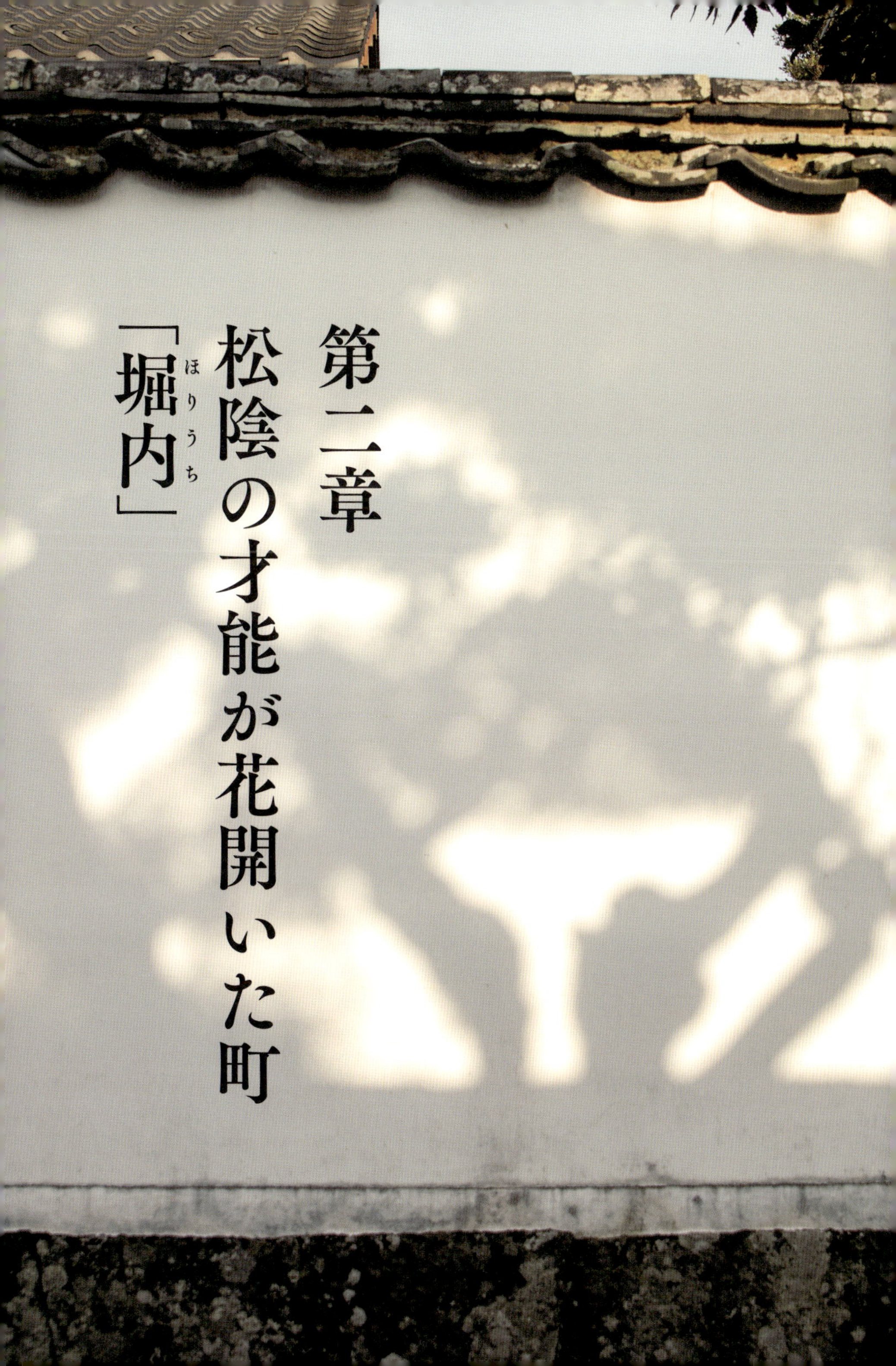

第二章
松陰の才能が花開いた町「堀内《ほりうち》」

往時の萩の姿を今に伝える武家屋敷の町並み

吉田松陰の才能にいち早く目をつけ、生涯にわたって庇護したのが長州藩第十三代藩主の毛利敬親《たかちか》である。その敬親が、山口への藩庁移行までの約二百六十年間、居城としていたのが萩城であり、萩の町はこの城を中心に整然と町割りされた美しい城下町だった。そのなかで、いまも当時の面影を色濃く残しているのが堀内地区である。

萩城外堀内側の三の丸にあたり、江戸時代には上級武士の屋敷が並んでいた。旧福《きゅうふく》原家《はらけ》萩屋敷門《はぎやしきもん》、旧益田家《きゅうますだけ》物見矢倉《ものみやぐら》、口羽家《くちばけ》住宅など、驚くことに今も当時のままの建屋が点在している。

長く続く白塗りの土塀、土塀越しにのぞく夏みかん、鍵曲《かいまがり》……武家屋敷の町並みを歩けば、萩ならではの景色をじっくり味わうことができる。

指月山
萩城跡
菊ヶ浜
295
萩八景
遊覧船のりば
旧益田家
物見矢倉
旧厚狭毛利家
萩屋敷長屋
北の総門
旧福原家
萩屋敷門
萩博物館
問田益田氏
旧宅土塀
萩高
口羽家住宅
堀内鍵曲
旧児玉家長屋門
旧明倫館跡
橋本川
山陰本線

若き才能を見出した十三代藩主

激烈な松陰の一生は、多くの人に支えられていた。杉家や吉田家の家族はもちろんのこと、その親戚や松本村の人々、あるいは学問や人の道を教えてくれた数多くの師が、彼の短くとも鮮烈な人生を支えていた。

なかでも、早くから松陰の才能を見い出し、最期まで松陰を気にかけていたのが長州藩第十三代藩主・毛利敬親である。

敬親と松陰が初めて出会ったのは、松陰が十一歳のときだった。かねてから松本村に天才少年がいるという話を耳にしていた敬親は、松陰に山鹿流兵学を講義してみよと命ずる。すると松陰は、山鹿流の兵学書である「武教全書」を、敬親と居並ぶ家臣の前で堂々と講義したのである。その態度と明晰な話に驚いた敬親は自ら松陰の門下生となり、以降十年近くにわたって、松陰の講義を受け続けたといわれる。

当時、敬親は二十三歳。いくら天才少年とはいえ、十二歳も年下の子どもでしかも下級武士の出である松陰に講義を受けるというのは、前代未聞のことだったにちがいない。

敬親なくして松陰はあらず

松陰が藩の許しを得ずに東北への旅に出て、結果的に脱藩という罪を犯してしまったときも、敬親は松陰に助け舟を出している。

江戸の長州藩邸から帰国命令を出され、萩に戻った松陰は、家禄を召し上げられ、士籍剥奪という処罰を受ける。普通ならここで藩を追放される場合が多いのだが、敬親は松陰を「育《はぐくみ》」という扱いにして追放せず、向こう十年間の他国修行を許可した。ほとぼりがさめた頃に藩籍を戻してやろうという計らいだったのである。

こうして松陰は、いわば公認というかたちで諸国遊学の旅に出るのだが、結果として、この旅で黒船に出会ったことが松陰の命を縮めることになってしまう。

その後、松陰は下田密航事件によって野山獄に一年ほど投獄されたあと、杉家のいわゆる幽囚室で若者たちに講義を始めるのだが、これとて、敬親が黙認したおかげだった。

しかし、この敬親の力をしても、安政の大獄の混乱の中で嫌疑をかけられた松陰の命を救うことはできなかった。

堀内重要伝統的建造物群保存地区　現在の堀内地区の大部分は旧萩城の三の丸にあたる。萩城の築城とともに町割りされ、藩の役所や高級家臣の武家屋敷が立ち並んでいた。長く続く土塀と夏みかんの木々の緑、その間に重厚に立つ屋敷や長屋門。往時のままの雰囲気が今もしっかりと残っている。

萩城跡　関ヶ原の戦いで敗れ、萩に移封された毛利輝元が、慶長 9（1604）年から 4 年の歳月をかけて築城した。以降約 260 年にわたって藩政の拠点となった。指月山麓に築城したことから、別名指月城《しづきじょう》とも呼ばれている。

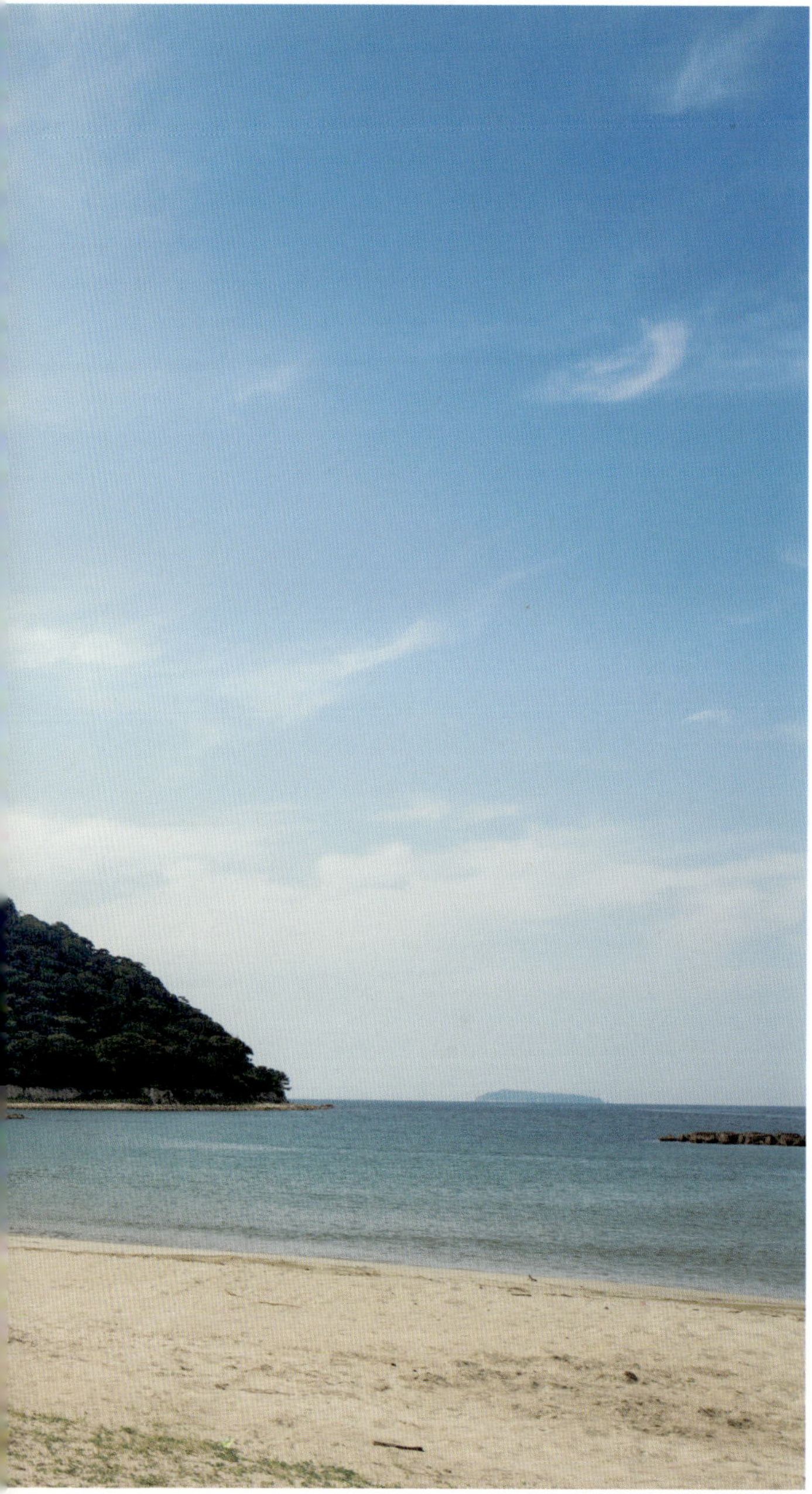

指月山と菊ヶ浜

萩城跡の東側、萩港へと続く白砂青松の海岸が菊ヶ浜である。この砂浜から日本海を背景にした指月山は一見の価値あり。とくに夕陽が美しく、夕暮れになると多くの観光客が足を運ぶ。

堀内鍵曲　鍵曲は、道の左右を高い土塀で囲み、道を鍵の手（直角）に曲げた道である。見通しがきかないようにして、侵入してきた敵を追い詰める役割をしていた。堀内地区は高級家臣の武家屋敷が並んでいたため、この鍵曲が多く見られる。

口羽家住宅　口羽家は毛利氏の庶流。藩では寄組として一千石余りを領した。表門と母屋が揃って残っているのは非常に珍しく、国の重要文化財に指定されている。

旧《きゅう》 厚狭《あさ》毛利《もうり》家《け》屋敷《やしき》長屋《ながや》　現在の山口県厚狭郡山陽町に知行地があった厚狭毛利家の屋敷の一部。全長約 51 メートルの入母屋造り本瓦葺きの建物は、萩に現存する武家屋敷のなかでも最大の規模を誇る。

旧福原家萩屋敷門
萩藩永代家老・福原家の屋敷門。江戸時代中期に建立されたものといわれる。

問田《といた》益田《ますだ》氏《し》旧宅土塀　全長130メートルの萩随一の土塀。屋敷囲いだけではなく、合戦時の防塁としての役目も担った。

旧明倫館跡　最初の明倫館があった場所。現在は碑のみが残っている。

旧益田家物見矢倉　萩城の北の総門の人の出入りを見張る役割をもっていた物見矢倉。

旧児玉家長屋門
二千石余の家臣であった児玉家の長屋。

北の総門　藩政時代に城下から三の丸（堀内地区）に入るために設けられた総門の一つ。

コラム 萩八景遊覧船（はぎはっけいゆうらんせん）

萩の景観を水上から楽しむ四十分

歴史の町萩は、阿武《あぶ》川の支流である松本川と橋本川に囲まれ、さらには海にも面した「水の都」でもある。萩観光の定番は江戸の風情が残る町並みの散策。その景観を、川や海からちょっと違う角度で眺められるのが「萩八景遊覧船」だ。指月橋を起点に萩の自然と武家屋敷群を観賞する約四十分の往復ルートとなっている。

遊覧船の乗り場は萩城跡のすぐそば。指月橋をスタートした船は静かな川面を滑るように進む。萩城の疎水から堀内重要伝統的建造物群保存地区を通って橋本川へと入る。常磐橋を過ぎるとすぐに映画「釣りバカ日誌12」の舞台となった毛利家家老屋敷や口羽家の庭が見られる。

平安古《ひやこ》重要伝統的建造物群保存地区の長い白壁と松林を過ぎ、玉江橋の先にある旧田中別邸のあたりで船は旋回し同じルートを戻っていく。

スタート地点を経由して日本海に出ると、穏やかな波に揺られながら指月山の銃眼土塀や二の丸の石垣、白砂の菊ヶ浜を眺めることができる。

船頭さんの説明を聞きながら、季節によって表情を変える萩の風景を味わうおすすめの観光コースだ。

〈萩八景とは〉

貞享2（1685）年に三代藩主吉就《よしなり》がお抱えの絵師、歌人、学者に命じて選ばせた萩城下の景観のこと。それぞれに絵と歌と詩を作らせ、「八江萩」の図巻にまとめた。倉江の帰帆、玉江の秋月、桜江の暮雪、小松江の晩鐘、中津江の夜雨、上津江の春嵐、下津江の落雁、鶴江の夕照の八つ。

◉運行期間　3月～ 11月　※天候不良の場合は運休。
◉運行時刻　3月～ 10月／
9:00 ～ 17:00（最終受付 16:00）
11月／
9:00 ～16:10（最終受付 15:00）
◉料金　大人 1,200（1,000）円、
小人 600（500）円
※（　）内は団体料金（20名以上）
問合せ：0838-25-3139（萩市観光課）

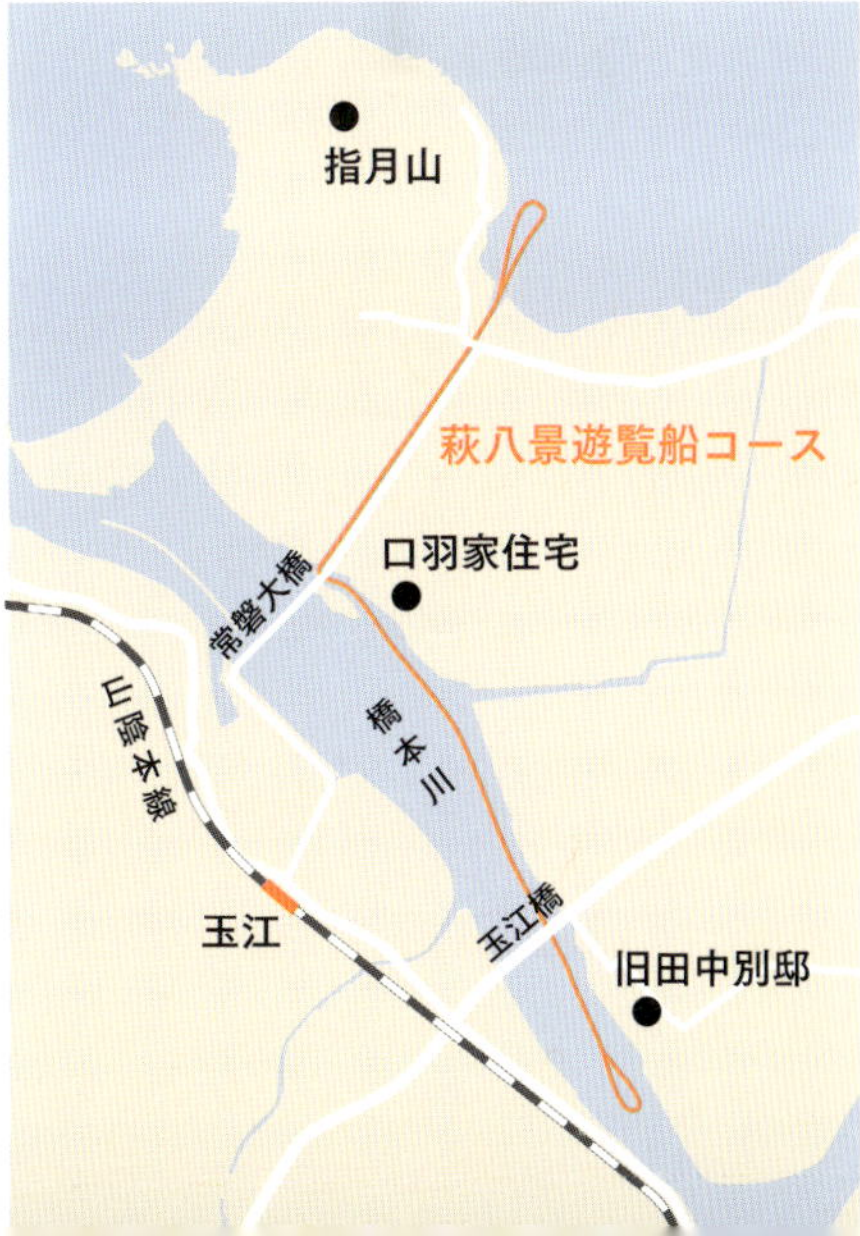

「夏《なつ》みかん丸《まる》漬《づけ》」と「毛《もう》利《り》の殿《との》さま巻《まき》」

萩土産の一番人気を常に競う2つの銘菓。どちらも萩の名産品である「夏蜜柑」が使われている。

明治初期、維新の影響で経済的打撃を受けた萩に活気を取り戻すため、また困窮する多くの士族救済のために、藩の要職を歴任した小幡高《おばたたか》政《まさ》が夏蜜柑の栽培に着手した。明治末期には夏蜜柑は萩の一大産業となった。

「夏みかんの丸漬」は中身をくり抜いた夏みかんを砂糖漬けにし、羊羹を流し込んだ手作りのお菓子。夏みかんのさわやかな風味と羊羹の甘さの絶妙なバランスを楽しむことができる。

「毛利の殿さま巻」は夏蜜柑と一緒に練り上げた餡を生地で巻いたシンプルなお菓子。毛利元就《もとなり》の「三矢の訓」にあやかって、味、形、舌ざわりの一味同心を目指して作られている。

文久3年創業、
夏蜜柑菓子の老舗
長州屋光國の「夏みかん丸漬」

老舗和菓子店松栄堂の
看板商品である
「毛利の殿さま巻」

第三章
志士たちの生家が残る
「城《じょう》下《か》町《まち》」

黒板塀と白壁が連なる美しい町筋

江戸時代、萩城外堀の外側に広がっていた城下町がそのまま残っているのがこのエリアである。当時の町割に沿った道筋が碁盤目状に広がり、黒板塀や白壁が連なる風情豊かな景観をつくっている。なかでも、国の史跡に指定されている呉服町《ごふくまち》や南古萩《みなみふるはぎ》町あたりは、電信柱が地中化されていることもあり、ひときわ美しい町並みが続いている。

ここにはかつて、豪商の屋敷を中心に、中下級武士の家が並んでいた。豪商の名を冠した菊屋横丁、伊勢屋横丁、江戸屋横丁などが南北に延び、松陰の門下生である高杉晋作の誕生地や木戸孝允の旧宅などもここにある。

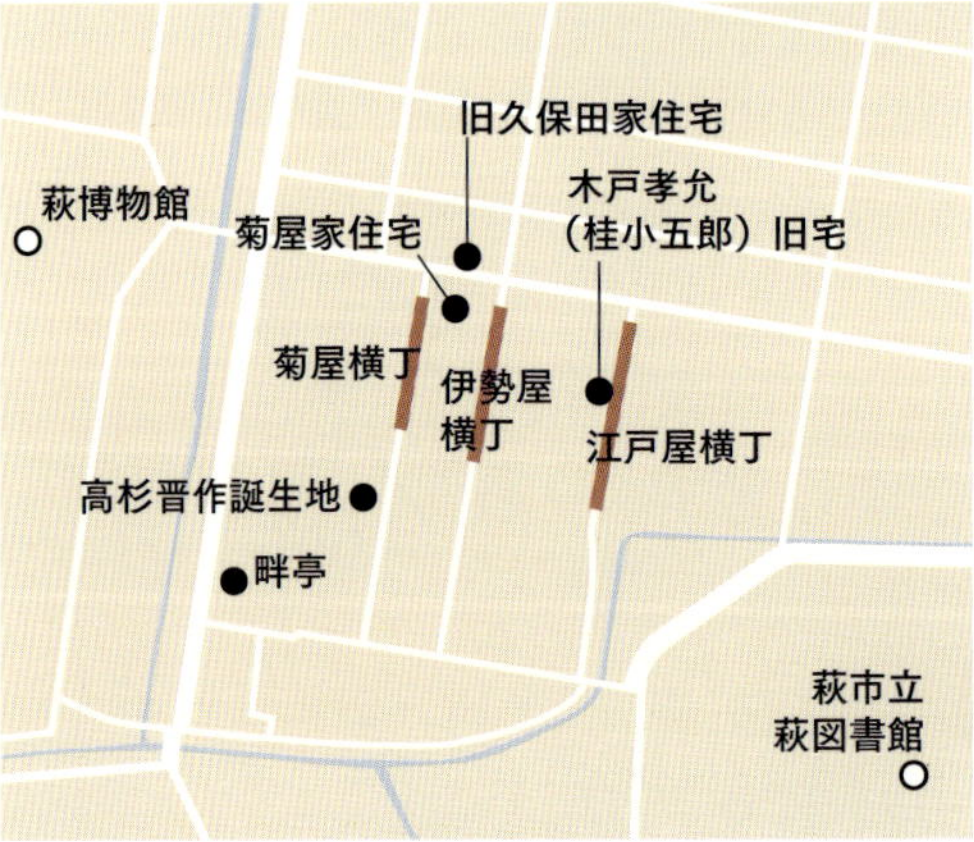

松下村塾の双璧と呼ばれた二人の高弟

吉田松陰の新しい国づくりへの思いは、松下村塾の塾生をはじめとする松陰の門下生にしっかりと引き継がれた。

久坂玄瑞、高杉晋作、吉田稔麿《よしだとしまろ》、入江杉蔵《いりえすぎぞう》、伊藤博文《いとうひろぶみ》、品川弥二郎《しながわやじろう》、前原一誠《まえばらいっせい》、山《やま》県有朋《がたありとも》、木戸孝允《きどたかよし》など、多くの者が維新の中心メンバーとなり、明治の新しい国家の中で重責を担った。

なかでも、〝松下村塾の双璧〟と言われた高杉晋作と久坂玄瑞は、松陰の魂が乗り移ったかのように、松陰に負けずとも劣らぬ激しい人生を送った。

高杉晋作は、萩城下菊屋横丁の長州藩士・高杉小忠太《こちゅうた》の長男として生まれた。十歳のときに天然痘をわずらい病弱な子供として育った。その弱点を克服すべく剣術に励み、柳生新陰流の免許皆伝となる。やがて学問にも身を入れ始め、明倫館に入学したが飽き足らず、松下村塾に通うようになった。

入塾したばかりの晋作を、松陰は「有識の士ではあるが学問は未熟であり、わがままな若者である」とみていた。そのため、ライバルとして久坂玄瑞を立てて晋作と競わせることにする。果たして晋作はめきめきと頭角を現し、松陰も驚くほどの成長を遂げていく。

晋作のライバルとされた久坂玄瑞は、天保十一（一八四〇）年、平安古の藩の医師をつとめていた久坂良迪《りょうてき》の三男として生まれた。医者になるために藩校医学所好生館に入学し、その後明倫館に入った。

松下村塾に入塾したのは、十七歳のときである。九州遊学の際に訪問先の宮部鼎蔵《みやべていぞう》から松陰の門下生になることをすすめられたのがきっかけだった。

松陰は玄瑞を「防長年少第一流の人物」「天下の英才」と誉め称え、その将来を塾生の中でもっとも期待した。入塾した翌年には、自分の妹である文《ふみ》と玄瑞を結婚させたことをみてもわかるだろう。

晋作の生き方を決めた松陰の手紙

松陰とこの二人の門下生の間には、数多くのエピソードが残っているが、なかでも晋作たちの生き方に大きく影響を与えた松陰からの手紙の話が印象深い。それは、松陰が安政の大獄で投獄されたとき、「男子はいつどこで死ぬべきか？」という晋作がかつて松陰に聞いた質問に対する答えとして送った手紙である。

「死というものは好むべきでもなく、また憎むべきものでもない。死んで不滅の名声を残せるならば、いつ死んでも良い。生きてなお国のために大きなことを成す見込があるなら、いつまでも生きたらよい。要するに、死ということを考えるよりも、まず、成すべきことを成す生き方が大事なのである」

松陰の死を知った晋作は、江戸にいる長州藩の重職である周布政之助《すふまさのすけ》に、必ず仇を討つという手紙を送った。玄瑞も激しい憤りの中で「先生のことを悲しんでいるだけでは何も始まらない。これからは、その志を継ぐことが大事だ」と松下村塾に送り、塾生たちを奮い立たせたという。

松陰が処刑されてしばらくして、塾生のもとに松陰の遺言ともいえる「留魂録《りゅうこんろく》」が届き、それを詠んだ晋作と玄瑞をはじめとする塾生たちは、それぞれの志を立て松陰の遺志を継ぐことを改めて心に誓った。

志半ばで命を落とすも遺志は継いだ

松陰の死後、尊王攘夷の急先鋒となった二人は、それぞれのやり方で松陰の思いを後世につないでいった。

玄瑞は、英国公使館の焼き打ちや外国船砲撃などに加担したのち、文久三（一八六三）年には孝明天皇の攘夷親征を企てるが、会津藩と薩摩藩の裏切りにあい、七卿とともに京を追われた（八月十八日の政変）。その報復として挙兵し、会津藩、薩摩藩の連合軍と戦うが敗走（禁門の変）。その責任をとり自刃した。

享年二十五という若さであった。

一方、晋作は師匠である松陰が身分の区別なく若者を松下村塾に集めたように、身分にかかわりなく、志を同じくする者で奇兵隊という部隊を創設。幕府の長州征伐の際には幕府に恭順する俗論派を抑えるために功山寺で挙兵、藩論を討幕へと統一する。

慶応二（一八六六）年の第二次長州征伐で、晋作は海軍総督に任じられるが、肺結核が悪化し戦線を離脱。慶応三（一八六七）年四月、下関で二十九歳の生涯を閉じた。王政復古のわずか八カ月前である。

松下村塾の双璧と呼ばれた二人は、志半ばで命を落とすことになってしまったが、その生き様をみる限り、松陰の遺志をしっかりと受け継いだといえるだろう。

菊屋家住宅
菊屋家住宅

菊屋家住宅　代々萩藩御用達の品物を扱っていた豪商菊屋家の家屋。国に現存する最古の町家のひとつで、国指定重要文化財に指定されている。約 2000 坪の敷地の約 3 分の 1 が現在公開されている。

菊屋横丁・伊勢屋横丁・江戸屋横丁
城下町地区の中心を南北に走る三筋の路地である。それぞれ、その筋にあった豪商の名がつけられている。とくに伊勢屋横丁には白壁が長く続き、江戸屋横丁には板塀や石垣が多く見られる。

木戸孝允旧宅　西郷隆盛、大久保利通と並んで「維新の三傑」と呼ばれる木戸孝允の旧宅。当時としてはめずらしい木造二階建てとなっている。木戸孝允は松下村塾の塾生ではなかったが、松陰と師弟関係にあった。

今日

高杉晋作誕生地　高杉晋作の生まれ育った家。敷地内には晋作が詠んだ句碑や産湯の井戸などがあり、往時のままの雰囲気が残っている。

旧久保田家住宅　呉服商を営み、その後酒造業に転じた久保田家の住宅。幕末に建築された町家である。

コラム

近代化に挑戦した先人たちの足跡を垣間見る

萩反射炉・恵美須ヶ鼻造船所跡（はぎはんしゃろ　えびすがはなぞうせんじょあと）

萩には中心部から少し足を伸ばして見学できる産業遺産がふたつある。ひとつは東萩駅から車で五分ほどの場所にある萩反射炉である。反射炉とは、鉄製の大砲鋳造のために必要な金属溶解炉。安政二（一八五五）年、萩藩はすでに反射炉の操業に成功していた佐賀藩に藩士を派遣し、その際のスケッチを頼りに萩反射炉を建造した。現在残っている遺構は煙突にあたる部分である。幕末期、欧米列強の脅威に衝撃を受けた萩藩が取り組んだ軍備拡充を物語る遺跡である。

そしてもうひとつが萩市小畑浦の恵美須ヶ鼻にある軍艦製造所跡だ。反射炉から海側へ六〇〇メートルほど行った所にあり、現在も石積みの防波堤が当時の規模のまま残っている。安政三（一八五六）年には萩藩最初の洋式軍艦「丙辰丸《へいしんまる》」、万延元（一八六〇）年には「庚申《こうしん》丸《まる》」が進水した。

ふたつの遺産はいずれも、世界遺産登録を目指す「明治日本の産業革命遺産　九州・山口と関連地域」に加えられている。

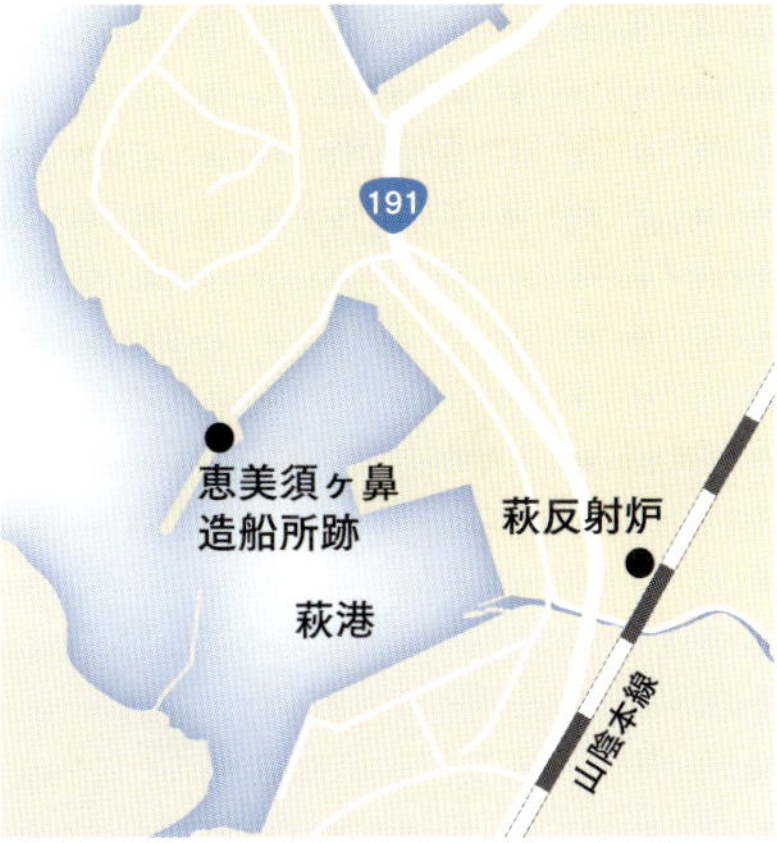

萩反射炉　萩市椿東 4897-7 萩市街より車で約 8 分。無料駐車場あり

恵美須ヶ鼻造船所跡　萩市椿東 5159-14 萩反射炉より海側へ 600m

0838-25-3380（萩市世界遺産登録推進課）
問合せ：0838-25-3139（萩市観光課）

庭園カフェ　畔亭《ほとりてい》

萩城外堀の畔で、手入れの行き届いた日本庭園を眺めながらゆったりとランチを楽しめるカフェ。

もともとこの日本家屋は、萩や下関で漁業を営んでいた網元の邸宅だった。商社マンだったご主人が東京からふるさとの萩にUターンした際にカフェとして改装。以来14年、地産地消のメニューを取り揃え、観光客や地元の人から愛されてきた。

萩沖でとれた新鮮なお刺身と豚の角煮や小鉢がついた「小萩御膳」と、県内産の牛肉を使ったハンバーグ御膳がランチの看板メニュー。喜寿司《きずし》丼はお腹におからをつめて甘酢につけこんだイトヨリやアジをご飯に乗せた萩の郷土料理だ。器には萩焼が多く使われている。

庭園カフェ　畔亭
萩市大字南片河町 62
0838-22-1755
営業時間：11:00 ～ 17:00
木曜定休（1月中は休業）
駐車場あり

第四章

萩藩の教育の中心地

「平安古《ひやこ》・江向《えむかい》」

古き良き萩の面影を残す風情ある町並み

平安古地区から現在の萩市庁舎がある江向のあたりでも、古き良き萩の姿に出会うことができる。

往時、萩城の外堀の南にあった平安古地区は、中級・下級武士の屋敷があった。そのため、武家屋敷の主家や長屋門が数多く残っている。敵の侵入を防ぐ鍵曲もほぼ当時のままに残り、長く続く土塀の道筋とともに江戸時代の姿を今に伝えている。

また、江向には吉田松陰が師範をつとめた藩校明倫館跡がある。多くの若者が競って学んだ学舎の跡は、明倫小学校の趣きのある校舎と相まって、多くの観光客が訪れる場所となっている。

さらに、ちょっと足を伸ばせば、藍場川《あいばがわ》沿いの美しい風景を堪能することができる。

明倫館跡
191
67
263
久坂玄瑞誕生地
平安古鍵曲
田中義一別邸
橋本川
藍場川
山陰本線
萩駅

教育者としての一歩を踏み出した明倫館

萩の人たちは、吉田松陰のことを〝松陰先生〟と呼ぶ。大人も子供も、尊敬の念を込めて先生と呼ぶ。

吉田松陰が成したことを考えるとき、彼の本質を最も的確に表しているのがこの「先生」という言葉ではないかと思う。松下村塾で多くの若者を教え、その教え子たちが明治という新しい国家の担い手になったことを考えると、松陰はまさに優れた教育者だったといえるだろう。

そんな松陰が、指導者あるいは教育者として第一歩を踏み出したのが藩校明倫館である。

明倫館は、享保四(一七一九)年、五代藩主毛利吉元によって設立された。萩の中心部である江向にその遺構が残っているが、松陰が九歳のとき、山鹿流兵学の師範見習として通った明倫館は堀内にあった。もちろん、九歳の松陰がすぐに授業ができるはずもなく、叔父の玉木文之進が実際には講義をし、松陰はしばらくの間その授業を見学していたといわれる。だが翌年には後見人付きではあるが教授になり、実際に授業を行ったというのだから、その秀才ぶりがうかがえる。

明倫館で講義を行い始めて九年後、当時の藩主毛利敬親は、藩政改革の一環として教育を充実させるために、明倫館を江向に移転して拡張した。このときも、松陰の意見が多く取り入れられたといわれる。

その翌年、後見人がとられ、松陰は山鹿流兵学の独立師範となった。松陰十九歳、教育者としていよいよひとり立ちの時を迎えたのである。

翌年、松陰は長州藩の海に対する防備の必要性をまとめた「水陸戦略」という提案書を提出。御手当御内用掛《おてあてごないようがかり》という要職に任命される。のちの波乱に満ちた後半生など想像がつかないほど順風満帆な日々を、松陰は明倫館のあった江向で過ごしていたのである。

その後、明倫館は藩中から有望な若者が集まり、大いに活況を呈した。最盛期には、千人以上の生徒が学んだといわれる。

一方、松陰も明倫館の隆盛と歩を合わせるように活動範囲を広げ、激しい時代の真っただ中に自ら飛び込んでいくのである。

明倫館跡　萩校明倫館の跡地に立つ旧明倫小学校。

有備館　明倫館跡地に残る武道場。

平安古鍵曲　堀内にいた重臣たちの下屋敷があった平安古地区。堀内同様、鍵曲が残り、多くの武家屋敷が並んでいる。平安古地区は、全国で初めて「重要伝統的建造物群保存地区」に選定された。道の両側には土塀が高くつくられ、まさに江戸時代そのものの風景を味わうことができる。

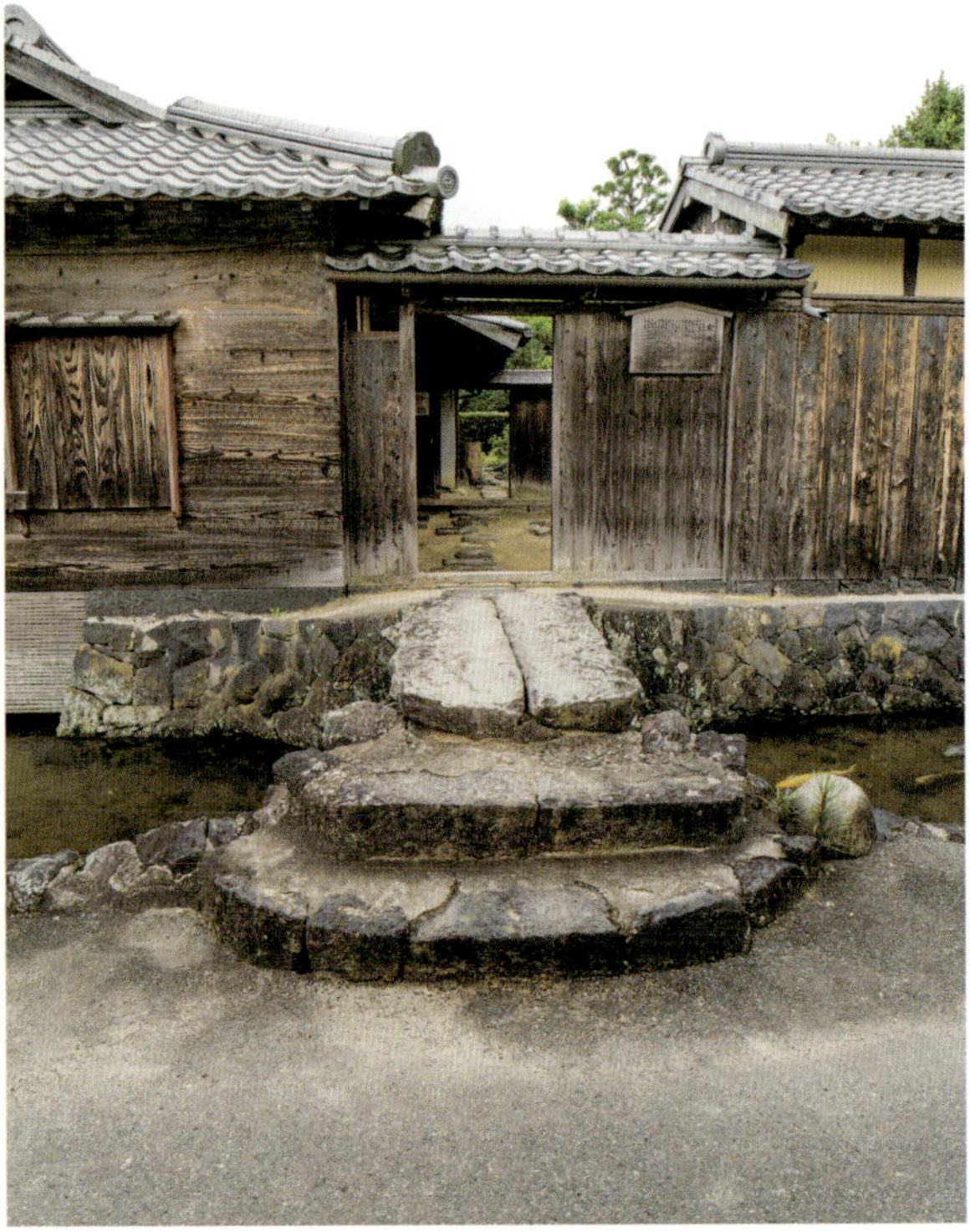

藍場川　下級武士の移住地だった川島地区から平安古まで続く運河が藍場川である。川沿いに多くの染物場（藍場）があったのでその名がついた。清流が流れ、多くの鯉が泳いでいる。

久坂玄瑞誕生地　吉田松陰の門下生第一といわれた久坂玄瑞の誕生地。松陰をして「晋作の識見をもって、玄瑞の才を行えば、この世にできないことはない」と言わしめた逸材である。

田中義一別邸　第 26 代内閣総理大臣となった田中義一の別邸。邸内には、ゆかりの品々が多数展示されている。

コラム

萩駅（はぎえき）

大正ロマン漂うレトロな無人駅

萩の南の玄関口、萩駅。観光の拠点として利用されるのは市の中心部に近い東萩駅のため、萩駅周辺は人影も少なくひっそりとしている。大正ロマンを感じさせるレトロな駅舎は国の有形文化財に登録されている。

萩駅が開業したのは大正十四（一九二五）年。駅舎はほとんど建設当時の姿のままだという。建物は二分割されていて、現在の萩駅舎はわずかなスペースのみ。正面にあるのが旧萩駅舎で、現在は「萩市自然と歴史の展示館」として萩の四季折々の風景や、萩の出身で「日本鉄道の父」といわれる井上勝に関する資料などを展示している。

この駅が開業して間もなく萩の中心地に東萩駅ができたため、乗降客は減ってしまい無人駅となっているが、建物の見学のためだけでも降りてみる価値がある。

駅の隣には萩市観光協会があり、観光案内のパンフレットが取り揃えてあり、宿の紹介、車椅子の貸し出し等も行なっている。

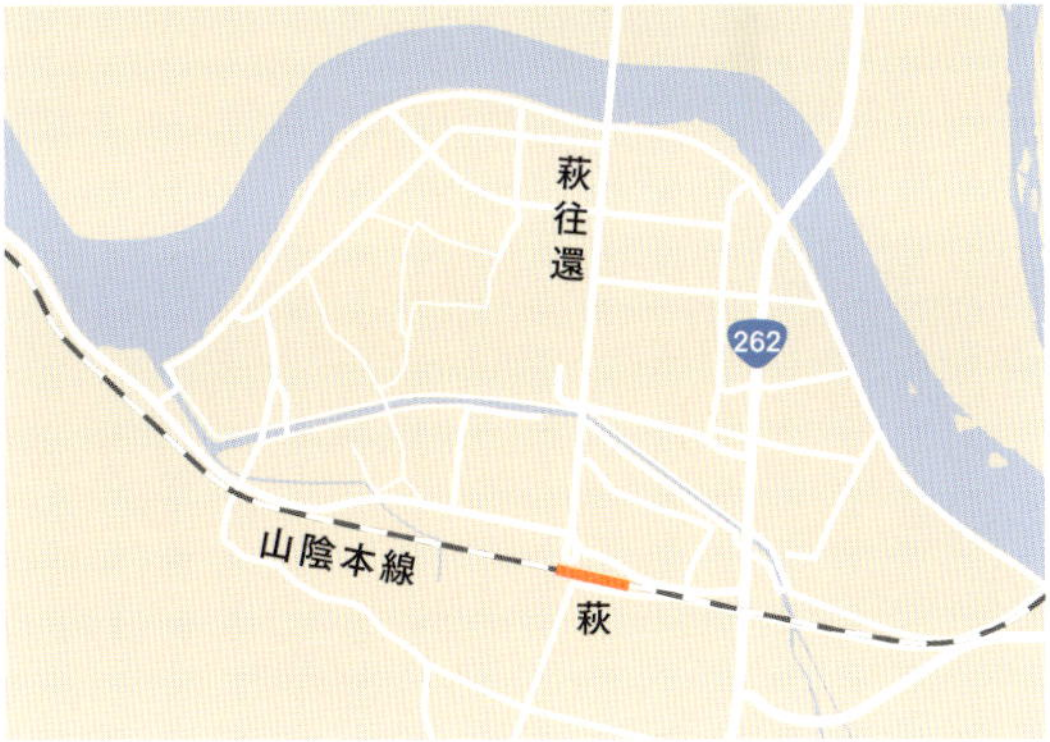

萩駅（JR 山陰本線）
萩市大字椿字濁渕 3611

萩市観光協会
萩市椿 3537-3 (JR 萩駅隣)
0838-25-1750

道の駅　萩しーまーと内「浜料理がんがん」

萩港に隣接し、新鮮な海の幸を提供している道の駅「萩しーまーと」。魚介類が豊富なのはもちろん、青果や酒類、萩土産なども販売している。いつも大勢の人でにぎわう人気のスポットだ。

その萩しーまーとにあるレストランのひとつが「浜料理がんがん」。しーまーとの食材をふんだんに使った海鮮料理店だ。良心的な値段と店員の元気の良さは気の置けない市場の食堂の雰囲気に似ている。海鮮丼、刺身定食、漁師のまかない定食などどれも美味しいが、なかでも「勝手御膳」がおすすめだ。しーまーと内の鮮魚店で購入した魚介を持ち込んで、刺身や煮付けなど好みの料理で食べることができる。持ち込む場合の調理代は500円。

萩しーまーと
萩市椿東北前小畑 4160-61
「東萩」駅から徒歩約 15 分
0838-24-4937
9:30 ～ 18:00　休館日：1月1日

浜料理がんがん
「萩しーまーと」内
0838-25-3452
11:00 ～ 19:00　無休

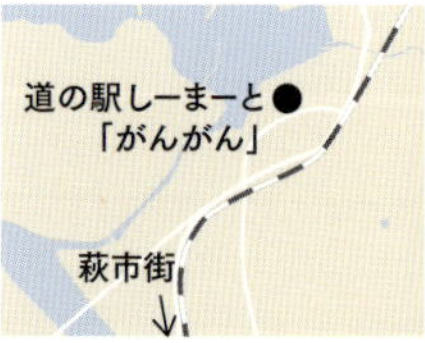

第五章
松陰が投獄された野山獄が残る「浜崎《はまさき》」

北前船の寄港地として栄えた港町

萩城下の港町として栄えたのが浜崎地区である。萩三角州の北端に位置しており、江戸時代は北前船の寄港地となっていた。港はもちろんのこと取引を行う魚問屋や仲買人で市場は常に活気に満ちていたといわれる。

大正から昭和初期にかけては水産加工業の拠点として、あるいは夏みかん等の積み出し港として発展した。

江戸時代からの街路や敷地割が今でもしっかりと残っており、本町筋には古い町家が数多く並んでいる。その景観の美しさから萩で三番目の重要伝統的建造物群保存地区に選定された。この浜崎地区には、松陰の位牌が残る吉田家の菩提寺の泉福寺がある。また、そこから少し南下したところには、松陰が二度投獄された野山獄の跡地が残っており、今は碑が建っている。

萩 港
299
旧山中家住宅
旧山村家住宅
旧萩藩御船倉
芳和荘
泉福寺
野山獄跡
岩倉獄跡
海鮮食道 十八番

啓示を受けた獄中での夢

松陰は生涯で何度か牢に入れられている。下田密航事件を自首した下田の番所の牢屋、江戸に移されてからの伝馬町の牢屋、国に戻ってから投獄された野山獄、そして死罪間際に再び入れられた野山獄と伝馬町の牢屋――

なかでも、下田密航事件の罪により二十五歳で投獄された野山獄での生活は、松陰のその後の人生を決める大きな分岐点となった。

松陰はこの獄中で夢を見た。

神と思しき人物が現れ、松陰に一枚の紙を差し出した。その紙には「二十一回猛士」と書いてあった。

目を覚ましてからその意味を考えたとき、松陰ははたと気づいた。自分の名前の「吉田」という文字は「十一」と「口」と「十」と「口」に分解でき、これを足せば二十一になる。また、実家の「杉」という字は「十八」と「三」に分解され、これも足すと二十一になる。そして、自分の通称である「寅次郎」の「寅」は「猛虎」を表す。つまり、自分は二十一回の「猛」を行う「士」＝「二十一回猛士」なのだ。

それ以来、松陰は自分の号を「二十一回猛士」と名乗るようになった。

さらに松陰は考えた。これまで自分がとった「猛」に値する行動は、東北遊学のための脱藩、ペリー来航の折、浪人の身分で出した藩主への上書、そして下田密航事件の三つである。ならば、あと十八回の「猛」を実行しなければならない。この決意が、その後の松陰の苛烈な行動の原動力になっていった。

野山獄では、将来の松下村塾での教授につながるようなこともしている。松陰と一緒にいた囚人の中には、俳句や書などをたしなむ者もいて、それぞれの得意なことを教え合っていた。そんな中で、松陰は囚人たちに「孟子」を講義するようになる。囚人たちは松陰の話に夢中になり、最後には獄吏までもが廊下で松陰の話に耳を傾けたという。松陰にはやはり人に向学心を喚起させる、教育者としての才能があったのだろう。

また、松陰は投獄中に六百冊以上の本を読破し、自分を見つめなおし、これから何をすべきかを考えたという。そこには、すべての経験を糧として貪欲に生きようとする松陰の姿があった。一年以上に及ぶ投獄生活だったが、松陰はそこでかけがえのないものを得たといえよう。

野山獄　松陰が二度投獄された野山獄。その獄舎跡と碑が、今古萩町《いまふるはぎ》から下五間町《しもごけん》に通ずる路地に残っている。野山獄には、罪人の中でも士分の者が投獄された。士分より低い身分の罪人は、道を挟んで斜め向かいにあった岩倉獄に投獄された。こちらも獄舎跡と碑が残っている。

泉福寺《せんぷくじ》　松陰の菩提寺である浄土真宗本願寺の寺院。150 年以上前の松陰の位牌が現存するほか、吉田家の家系図が残っている。寺の建物は慶安の大火（1648）で焼失したり、その後破損したために再建されているが、ご本尊の阿弥陀如来は昔のままである。

吉田松陰の位牌　「松陰二十一回猛士」と書かれた位牌。ふだんはレプリカが置かれており、毎年５月に浜崎地区で開催される「浜崎伝建おたから博物館」というイベントの時のみ、この実物の位牌が公開される。

旧萩藩御船倉　藩主の御座船や軍船を格納した御船倉。屋根を葺いた旧藩時代の船倉としては全国唯一の遺構である。

朝日新聞萩販売所
TEL2-1277
ASA
萩

旧山村家住宅と旧山中家住宅　旧山村家住宅は、江戸時代後期に建てられた大型の町家。旧山中家住宅は昭和初期に建てられた典型的な浜崎の町家。浜崎伝建地区の中心部にはこうした歴史的な建造物が 40 以上現存している。

ミヨシ

コラム　芳和荘（ほうわそう）

築百年の元遊郭の宿に泊まる

かつて港町として栄えた浜崎地区。その東側、新堀川のほとりに築百年の趣き深い木造建築がひっそりと建っている。浜崎の昔ながらの家並みの中でもひときわ異彩を放つ旅館芳和荘。外観もさることながら、中に入るとタイムスリップしたような感覚に見舞われる。

　中庭を囲むように造られたロの字型の建物と、回廊式の廊下。手すりに凝らされた意匠。一風変わった造りなのは、ここがもともと「梅木」という遊郭として建てられたためだ。旅館営業のための改装は最小限に留められていて、そこかしこに当時の面影を残している。廊下の手すりに彫られたひらがなは、右から「ちようしゆうらう」と読める。遊郭だった頃の隠し屋号「長州楼」のことだそうだ。

　一泊朝食付きで五千四百円。素泊まりも選べる。萩観光の拠点としても便利な立地だ。歴史の町、萩の風情を堪能するためには絶好の宿といえるだろう。

武者風呂と名付けられた浴場は萩城の城壁をイメージしてつくられていて、銃眼まである。

芳和荘
萩市東浜崎2区の1
山陰本線東萩駅より徒歩 15 分
TEL：0838-25-3470　駐車場あり
チェックイン：16:00　チェックアウト：10:00
素泊まり 1 泊 4200 円～

海鮮食道《かいせんしょくどう》 十八番《じゅうはちばん》

魚介を使った料理が食べられるお店が多い萩の中でも、特に評判の高い居酒屋が海鮮食道十八番。素材の新鮮さと酒類の豊富さ、そして店員の元気の良さが人気の理由だ。

店内の照明は少し暗め。木目を基調とした内装とあいまって落ち着いた雰囲気だ。生け簀には魚が泳いでいる。おすすめはなんといっても、刺身の盛り合わせ。自慢の海の幸は越ヶ浜や玉江浦漁港から直接仕入れるルートを持っているとのこと。その刺身を味わうための醤油にもこだわり抜いている。

地元でも人気のお店で満席のことが多いので、事前に予約してから行くのがよいだろう。

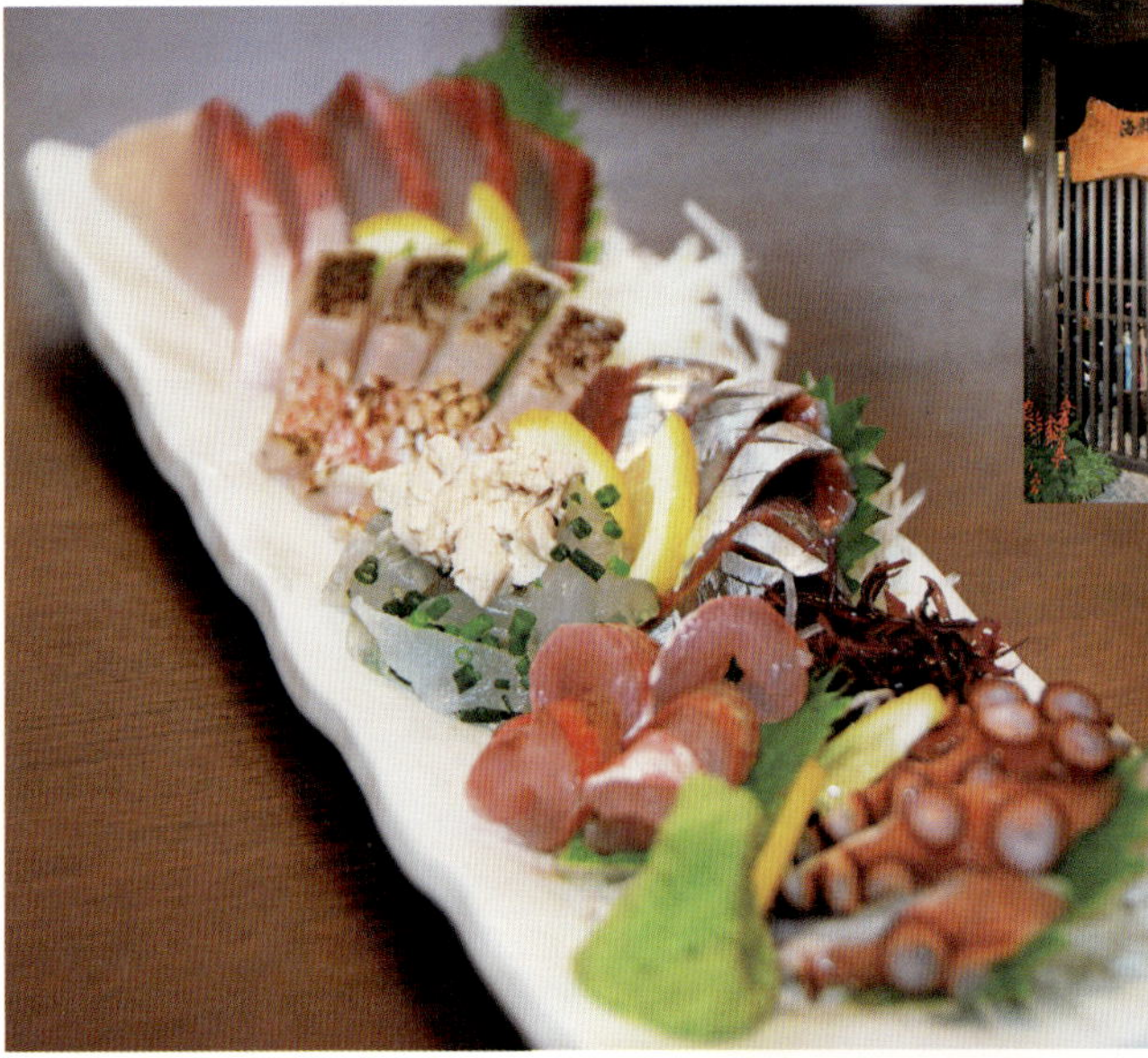

海鮮食道 十八番
萩市古萩町 91-2
山陰本線東萩駅　徒歩 10 分
0838-26-1162
営業時間：18:00 ～
定休日：不定休
駐車場あり

第六章

志士たちが往来した「萩《はぎ》往《おう》還《かん》」

古い石畳の道と宿場町が残る街道

日本海に面した萩から瀬戸内の防府まで、山口県を南北に縦貫する古道が萩往還である。江戸時代、毛利氏が参勤交代に利用する御成道として整備され、萩の唐樋《からひ》高札場を起点に、明木《あきらぎ》、佐々並《さ さ なみ》、山口を経由して三田尻（現防府市）まで全長約五十三キロの街道だった。幕末には多くの志士たちもこの道を往来したといわれている。

〝涙松〟と呼ばれる松並木のある場所からは萩城下が一望でき、萩を離れる人々がここで涙した。安政の大獄に連座して江戸召喚の命を受けた吉田松陰も、この涙松で涙を流しながら詩を詠んだ。

現在は、街道の一部と当時の宿場町や、休憩所となった御茶屋跡などが残っており、毛利家の大名行列の宿駅として整備された佐々並市には、古い家屋が往時のままにひっそりと佇んでいる。

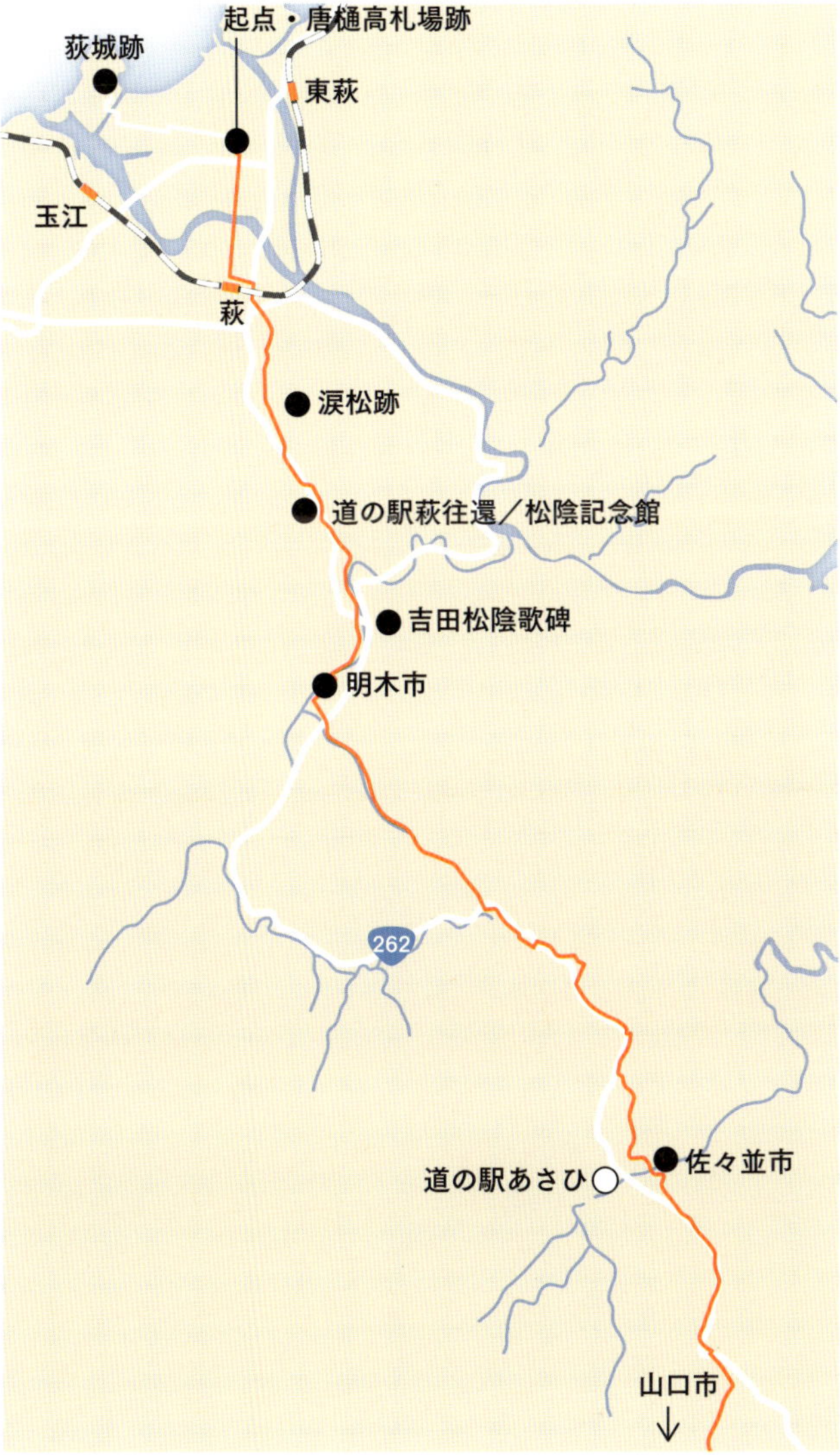
起点・唐樋高札場跡
萩城跡
東萩
玉江
萩
涙松跡
道の駅萩往還／松陰記念館
吉田松陰歌碑
明木市
262
佐々並市
道の駅あさひ
山口市

死への旅立ちを予感していた松陰

帰らじと思いさだめし旅なれば
ひとしほぬるる涙松かな

これは、過激な言動を憂慮した長州藩によって野山獄に投獄されていた吉田松陰が、幕府から嫌疑をかけられ江戸に召喚されたとき、萩往還の涙松で詠んだ歌である。――二度と帰ることはないと決めた旅なので、ここから萩城下を見ると、雨にぬれる涙松のように、自分の頬にも涙が流れ伝わる――松陰はこの時、かけられた嫌疑にまったく身に覚えがなかったので、すぐに戻ってこられると思っていたといわれる。逆に、幕府に自分の考えを述べる絶好の機会だと考えていたらしい。ただ、心のどこかでもう戻れないという予感もあったのかもしれない。

果たして松陰は、老中・間部詮勝の暗殺計画を自ら吐露したことによって、その短い生涯を終えてしまう。処刑される二日前、死を覚悟した松陰は塾生たちに向けて自分の思いを書きしるした。それが、松陰の魂伝道の書ともいえる「留魂録」である。全十六章、五千字におよぶその文書を、松陰はわずか二日ほどで書き上げた。

身《み》はたとひ　武蔵《むさし》の野辺《のべ》に朽《く》ちぬとも
留め置かまし大和魂

肉体は滅んでも、魂をこの世にとどめて志を遂げよう、という辞世の句で始まる留魂録には、信念をつらぬくために江戸に来たということや評定所の取り調べの経緯のほか、松陰の思いや心境などが熱く語られている。

松陰の死後、萩に届けられたこの留魂録は、すぐに写本がつくられ、松陰の門下生をはじめ多くの人々に回し読みされたという。松陰の志と魂とが、次の時代へと継承された瞬間だといえよう。

処刑に臨んだ松陰のふるまいは礼儀正しく毅然としており、その場にいた者たちを感動させた。介添えの役人に労いの言葉をかけ、懼れることなく静かに死を受け入れた松陰の姿は、その潔さゆえ長らく人々の口の端にのぼったという。

留魂録には、死を前にして平常心でいられたのは、これまで学んだ学問のおかげだと書かれている。そして、その理由を四季にたとえた一節には、松陰の成熟した人間性と覚悟のほどを感じとることができる。

――人の一生にはそれぞれにふさわしい春夏秋冬がある。十歳で死ぬ者には十歳の四季があり、二十歳で死ぬ者には二十歳の四季がある、三十歳、五十歳、百歳で死ぬ者も同じである。私自身は三十歳ですでに四季はめぐり、花咲き実を結んでいるはずである。それが実のない籾殻《もみがら》かよく実ったものであるかは知るところではない。もし、同志諸君の中で私の志に共感し、それを受け継いでくれる者があれば、それは蒔かれた種が絶えることなく毎年穀物が実るのと同じことなのだ——

松陰がこの言葉に託した思いは門下生たちの心をとらえ、彼らの爆発的な行動を支え、新しい国づくりへの力となっていった。吉田松陰は、維新の志士たちの中に生き続けたのである。

佐々並市《ささなみいち》　江戸時代、明木市《あきらぎいち》とともに萩往還の宿場町として栄えた集落である。萩城下町と三田尻を結ぶ萩往還の中間点に位置し、参勤交代の際などに藩主が休息する御茶屋を中心に発展した。往時は、御茶屋をはじめ茅葺きの主屋が立ち並び、上級藩士らが宿泊する御客屋も置かれるなど、大いににぎわったという。現在もその面影をいたるところに感じることができる。平成 23 年に、萩で 4 番目の重要伝統的建造物群保存地区に選定された。

唐樋高札場跡　萩市の中心部、唐樋町にある「札場跡」。萩往還の起点であり、周防・長門両国の一里塚の基点ともされた。現在の高札場は、札場跡の発掘調査をもとに江戸時代のものと同じ位置、同じ規模で復元したものである。

涙松の遺址　江戸時代、萩城下から山口へ通じる萩往還で城下が見えるのはここが最後。松並木の間に見え隠れする萩を見返り、別れの涙を流すというので、この街道並木は「涙松」と呼ばれていた。

松陰記念館　山口と萩を結ぶ有料道路の萩出入り口に作られた萩往還公園内に建てられている記念館。館内には松下村塾が再現され、記念館の前に吉田松陰と松下村塾門下生たちの銅像が並んでいる。ちなみに上の写真の銅像は、向かって左から高杉晋作、吉田松陰、久坂玄瑞。

吉田松陰歌碑　萩往還沿いの集落である明木を流れる明木川のほとりにある松陰の歌碑。下田密航事件で捕まった松陰が長州へ護送される途中、かつてこのあたりにあった明木橋のたもとで詠んだといわれる歌が刻んである。「少年　志《こころざ》す所《ところ》有《あ》り、柱に題して馬《ば》卿《けい》に学ぶ。今日　檻《かん》輿《よ》にて返る、是れ吾が昼《ちゅう》錦《きん》の行《こう》。」（少年の日、志を抱き、中国の馬卿という人と同じように、橋柱に志を書きしるしたことがある。下田密航事件で捉えられ、こうして護送されて帰郷するところだが、錦を飾る思いである）

コラム　笠山（かさやま）

世界最小の火山　笠山で萩の自然を満喫

萩市街から北東へ車で二十分ほど行ったところにある陸続きの島が笠山だ。笠山エリアには見どころが多い。世界最小の火山とも言われる標高百十二メートルの笠山。遠くからの眺めが、笠をかぶった女性のように見えたことからこの名がついた。ふもとの明神池から頂上までの三・五キロは散策路が整備されていて格好のトレッキングコースとなっている。

笠山の噴火の影響でできた明神池は溶岩塊の隙間を通して外海とつながっており、潮の干満が見られる。萩藩二代藩主毛利綱広《つなひろ》が池のほとりに厳島神社を創建し、漁業の神様として信仰されたことに因み、明神池と呼ばれるようになったという。

半島の先端にある虎ヶ崎には、椿群生林がある。藩政時代、萩城の北東（鬼門）の方角にあたる笠山は樹木の伐採を禁じられていた。そのため、原生林のようになっていたが、昭和四十年代から雑木の伐採など整備を始め、今では約六十種約二万五千本のヤブツバキが自生している。二月中旬〜三月末の「椿まつり」には遠方からも観光客が訪れる。種類が多いため開花時期にも少しずつ時間差があり、タイミングが良ければ蕾から満開の花、地面に散った花びらによる〝椿のじゅうたん〟を同時に楽しむことができる。

笠山／明神池／椿群生林
萩市椿東越ヶ浜
0838-25-3139（萩市観光課）

つばきの館／ドライブイン笠山

椿群生林や明神池がある笠山地区への観光の際にぜひ訪れたい食堂がふたつある。「つばきの館」と「ドライブイン笠山」だ。

椿群生林の入り口のすぐそばにあるのが「つばきの館」。"おふくろの味"が人気の食事処だ。越ヶ浜の漁協婦人部の会員が交代できり盛りしている。漁師の奥さんたちだけあって魚の美味しい食べ方を知っているのだ。サザエご飯やひじきの煮物がついた看板メニュー「つばき定食（1500円）」の甘鯛の煮付けは絶品。窓から日本海を臨む絶好のロケーションも魅力のひとつ。

「ドライブイン笠山」はつばきの館に行く途中にあり、店頭に吊るされた一夜干しのイカが目印。イカやサザエを焼くいい匂いについつい誘われてしまう。店内では越ケ浜でとれた旬の魚を使った定食が味わえる。

つばきの館
萩市大字椿東 716-16 萩市街より車で約 20 分
0838-26-6446　営業時間：9:00 ～ 17:00
（食事は 11:00 ～ 16:00）　定休日：水曜・年末年始
駐車場あり

ドライブイン笠山
萩市椿東越ケ浜 4 区 1189-652
萩市街より車で約 20 分　0838-25-5081
営業時間：9:00 ～ 17:00　不定休　駐車場あり

ぜひ足を伸ばしたい

萩近郊の港町

嫁泣港《よめなきこう》

嫁たちを泣かせた理由とは？

萩市街から車で約十五分。笠山の東、日本海に突き出た半島のちょうど付け根あたりの越ヶ浜と呼ばれる地区に、嫁泣港という港がある。

その昔、このあたりで真水を手に入れるには笠山にある湧き水を汲みに行くしかなかった。若い娘が嫁に来たはいいが、毎日の水汲みの辛さに泣く泣く重い桶を運んだということから「嫁泣港」の名がついたという。

天然の良港であり、江戸時代から北前船の風待ち港として利用されてきた嫁泣港。港にいた年配の男性に話を聞くと、明治以降は遠洋漁業が盛んに行われ、冬はとらふぐ、春にはアマダイ漁でにぎわった。百隻あまりの漁船があり、五十トン級の船も珍しくなかったほど。かつては下関で水揚げされるとらふぐのほとんどが嫁泣港の漁船のもの、という時期もあったそうだが、今では漁師も減り、遠洋漁業をする船はあまりなくなってしまったという。

港のすぐ目の前には、石州瓦が日に照らされて、静かに波立つ水面のようにキラキ

-52834

ラと輝く漁村集落が連なっている。趣向を凝らした民家の造りが、往時の名残をわずかに留めている。

すっかり静かになってしまった港だが、実は絶好の釣り場としても知られる。岸壁からのんびりと釣竿を垂らす釣り人の姿が景観に馴染んでいてなんとも心がやすらぐ。笠山観光のコースにぜひ加えていただきたいスポットだ。

嫁泣港

萩市椿東越ケ浜

萩市街より車で約 20 分

越ケ浜駅より徒歩約 25 分

江崎《えさき》

六百年前の悲劇を伝える浮島の六角堂

萩市の北のはずれ、山口と島根の県境近くに江崎という小さな集落がある。この辺りは昔から漁業が盛んな地域で、江崎港を中心に活気ある漁村として栄えた。江戸時代に北前船の寄港地となってからは、萩でも指折りの商港として大いににぎわったという。そんなかつての繁栄がうそのように、今の江崎はひなびた佇まいを見せている。

この江崎の入り江の浮き島に、ひときわ目をひく建物がある。「浮島西堂寺」とも呼ばれる寺の境内にある六角堂だ。応永の頃（一四〇〇年前後）、使用人との許されぬ恋に落ち、海に身を投げた娘がいた。しばらくして漁師の網にかかった仏像を、娘の化身と信じた母がここに御堂を建て、娘の菩提を弔ったのがはじまりと言われている。以来、六角堂は子育て地蔵として信仰されてきた。

湾の奥深くに入り込んだ港の形と、海岸線に沿って建つ家々、それを鏡のように映す穏やかな海。この風景はずっと昔から変わらない。湾内に架かる江崎大漁橋からは、港を一望することができる。入り江と集落が一体となった景観は、息をのむほど美しい。

江崎港

萩市大字江崎
江崎駅より徒歩 20 分
萩市街より車で約 45 分

三見《さんみ》

旧街道にかかる百年目のめがね橋

萩の西端にあり長門市と隣接している町が三見である。人口は約二千人で、海岸近くにある三見駅も通勤通学の時間以外はひっそりとして人気もほとんどない。素朴な萩の風景が残る地域だ。

江戸時代には萩と下関とを結ぶ赤間関街道の交通の要所として栄え、明治以降も、鉄道が開通するまではこのあたりの物質の拠点として重要な役割を果たした集落だった。

大正時代になるとこの街道の整備の一環として、三見川にアーチ型の石橋である三見橋が架けられた。通称「三見めがね橋」である。中国から伝来したこの工法の石橋は、九州では多く見られるが山口では大変珍しいという。国の有形文化財に登録されていて、完成から百年経った今でも美しい曲線を描いている。

そのめがね橋のある三見川が、ちょうど海に注ぐあたりが三見漁港。かつては三見浦と呼ばれた。同じ山口県が発祥の沿岸漁業である大敷網漁で栄えた。海岸線に沿って伸びる路地の家々は造りがしっかりしていて、往時の名残を留めている。

三見ののどかな風景は、どこか郷愁を誘う。萩を訪れたら、ぜひ立ち寄りたい町だ。

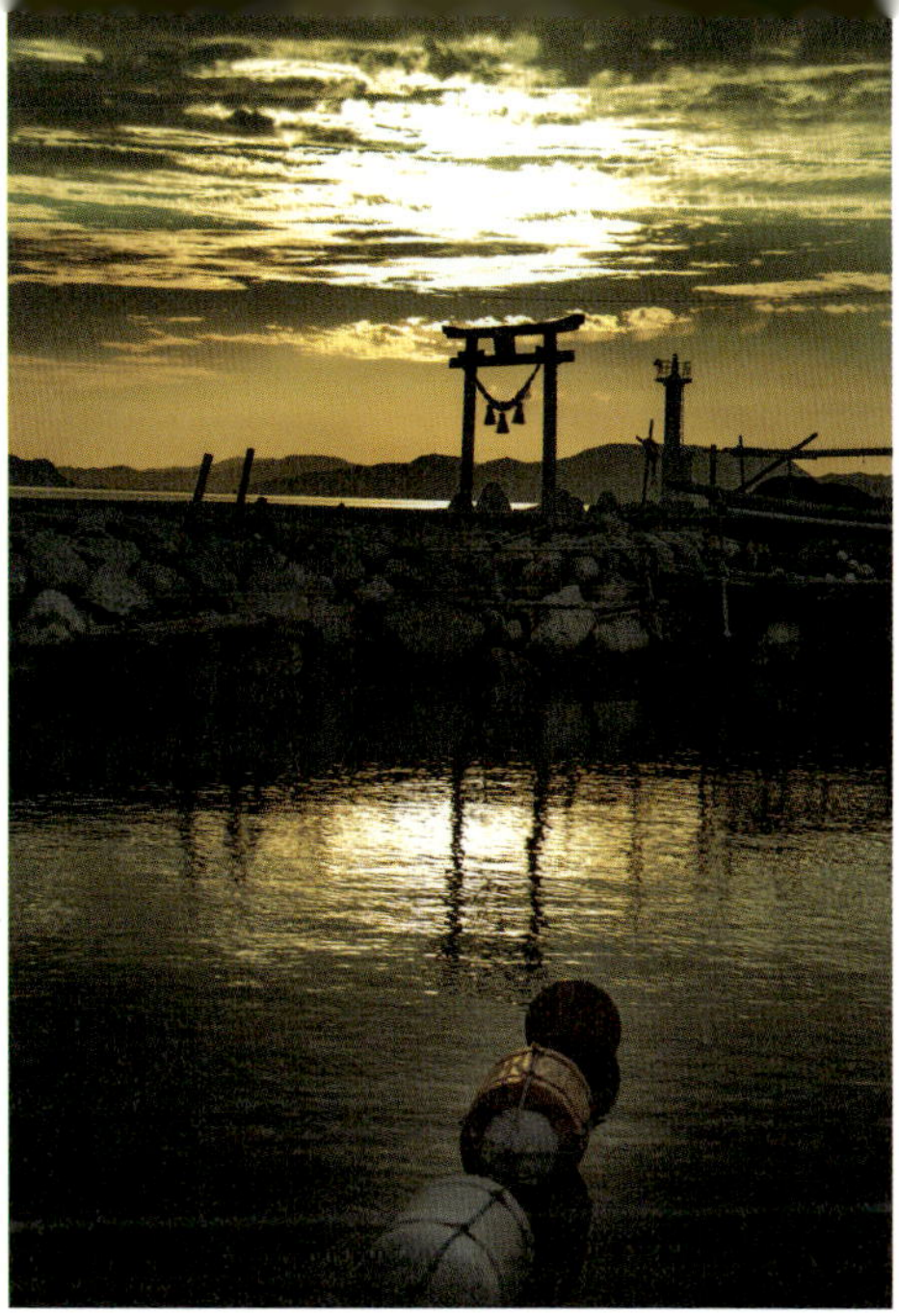

三見橋
萩市三見字梅ノ木
山陰本線三見駅より車で約 15 分

三見漁港
山陰本線三見駅より
徒歩約 5 分
萩市街より車で 15 分

吉田松陰年表

和暦	西暦	年齢		吉田松陰の軌跡	藩や国の動き
文政13年	1830	1	8月	長門の国萩（山口県萩市）松本村に藩士杉百合之助の七人兄弟の次男として生れる。	
天保5年	1834	5		代々毛利家の山鹿流兵学師範を務める吉田家、吉田大助の仮養子となる。	
天保6年	1835	6	6月	吉田大助が亡くなり、吉田家を継ぐ。	
天保9年	1838	9	1月	山鹿流兵学の教授見習いとして藩校明倫館に初めて出勤する。	
天保10年	1839	10	11月	初めて明倫館にて兵学を教授する。	
天保11年	1840	11		藩主の前で軍事書『武教全書戦法篇』を講義する。	
天保13年	1842	13		玉木文之進、松陰の後見人に命ぜられる。玉木文之進、「松下村塾」を開く。	
弘化3年	1846	17		玉木文之進の松下村塾で学ぶ。	
弘化5年	1848	19	1月	明倫館の独立師範となる。	
嘉永元年	1848		10月	明倫館再興に関する意見書を提出する。	
嘉永2年	1849	20	2月		新明倫館が完成する。
			3月	「水陸戦略」を著し、外夷御手当方に提出。御手当御内用掛《おてあてごないようがかり》に任じられる。	
嘉永3年	1850	21	8月	九州に遊学。小倉、長崎、平戸等をまわる。遊学中、宮部鼎蔵《みやべていぞう》他多くの文武知名の士を訪ね、海外の事情を多く得る。	
			12月	萩に帰る。	

和暦	西暦	年齢	月	吉田松陰の軌跡	藩や国の動き
嘉永4年	1851	22	3月	兵学研究の為、藩主の参勤交代に従い江戸遊学へ。	
			7月	藩に東北遊学の許可願いを提出する。	
			12月	遊学許可が出される前に東北遊学へ出発。脱藩となる。	
嘉永5年	1852	23	4月	藩から帰国命令が出る。	
			5月	萩に帰る。杉家にて謹慎し、処分を待つ。	
			12月	藩士の身分を剥奪され、家禄も没収され、父の育《はぐくみ》となる。	
嘉永6年	1853	24	1月	藩主の命により父百合之助が松陰の諸国遊学願を提出する。藩主、松陰の亡命を惜しみ十年間諸国遊学を許可する。	
			1月	江戸遊学に出発する。	
			6月	松陰ただちに浦賀に行く。	ペリー率いる米国艦隊、浦賀に来航。
			7月		プチャーチン率いるロシア艦隊、長崎に来航。
			9月	ロシア軍艦に乗船を企てようと長崎に向かう。	
			10月	長崎に到着。既に露艦は出港。	
			12月	萩に立ち寄り江戸に帰着。	
嘉永7年	1854	25	1月		ペリー艦隊、神奈川沖に再び来航。
			3月		アメリカと日米和親条約を結ぶ。
			3月	海外渡航計画を立て、弟子の金子重之助とポウハタン号に乗ってペリーに密航を願い出るが断られる。	
			3月	下田密航の罪を自首し下田番所の牢屋へ入れられる。	

安政2年　1855　26
4月　江戸の伝馬町の牢屋に入れられる。
9月　幕府、松陰の罪を断じて藩邸に幽閉する。
10月　萩に送り返され、松陰は野山獄に、金子は岩倉獄に入る。
11月　二十一回猛士の号を使用する。
4月　野山獄で獄囚のために孟子を講義する。
12月　野山獄からの出獄許可が出る。

安政3年　1856　27
9月　叔父・久保五郎左衛門が受け継いだ松下村塾のために『松下村塾記』を書く。

安政4年　1857　28
11月　杉家の小屋を改修し、塾舎とする。松陰の「松下村塾」が始まる。

安政5年　1858　29
6月　アメリカと日米通商条約を結ぶ。
9月　安政の大獄、始まる。
11月　塾生十七名と血盟を結び、老中・間部詮勝の暗殺を企てる。藩府、松陰を幽閉投獄する。

安政6年　1859　30
4月　幕府より、松陰の江戸護送の命令下る。
5月　杉家に帰り、父母親戚に訣別。野山獄に戻り、そこから駕籠に乗せられ萩を発つ。
6月　江戸長州藩邸の牢屋に入れられる。
7月　伝馬町獄へ入れられる。
9月〜10月　評定所の取り調べを受ける。
10月　「留魂録」を書き上げる。
10月　評定所にて罪状申し渡しあり。伝馬町獄舎にて直ちに死刑に処せられる。

吉田松陰と萩 写真紀行

2015年1月19日　第1刷発行

撮影　清永安雄
企画・構成　志摩千歳
原稿　佐々木勇志・及川健智
装丁・デザイン　八十島博明（GRiD）

発行　株式会社産業編集センター
〒112-0011 東京都文京区千石4-17-10
TEL 03-5395-6133　FAX 03-5395-5320
http://www.shc.co.jp/book/

印刷・製本　株式会社シナノ パブリッシング プレス

ISBN978-4-86311-107-3